Franziska Ludwig

KLEINER VORGESCHMACK

Warum ich Chiasamen liebe? Weil sie glutenfrei und kalorienarm, aber sehr sättigend sind. Sie spenden Kraft und Energie und sorgen mit ihrem hohen Anteil an Omega-3-Fettsäuren für geistige Fitness und gute Laune. Chiapudding ist mein liebster Start in den Tag — deshalb löffle ich ihn auch auf dem Buchcover ...

FÜR 1 PERSON

- 3 EL Chiasamen
- 200 ml fettarme Milch
- 2 TL Agavendicksaft
- 125 g frische Beeren nach Wahl (z. B. Himbeeren, Erdbeeren, Heidelbeeren)

Zubereitung: 15 Min.
Quellen: über Nacht

1. Am Vortag die Chiasamen mit der Milch in eine Schüssel geben und mit einem Schneebesen verrühren. Mit Agavendicksaft süßen und in den ersten 10 Minuten mehrfach umrühren, damit sich keine Klümpchen bilden und sich die Milch nicht absetzen kann.

2. Über Nacht im Kühlschrank aufbewahren, damit die Chiasamen gleichmäßig quellen können. Kurz bevor ihr zu Bett geht, am besten noch mal umrühren.

3. Den Chiapudding am nächsten Morgen noch mal gut umrühren, in ein Glas füllen und mit den frischen Beeren garnieren.

IMMER WIEDER ANDERS
Gewürze wie Zimt und Vanille oder auch Kakao sorgen geschmacklich für Abwechslung.

INHALT

VORWORT

Kochbücher gibt es wie Sand am Meer, und kaum ein kulinarisches Thema ist dabei unentdeckt geblieben. Wobei uns thematisch aktuell Essen und Gesundheit wirklich wichtig sind. Aber auch Kochbücher mit Ernährungstipps und Diätprogrammen, die den Verlust von 20 Kilo in nur zehn Wochen versprechen, gehören längst zum Standardprogramm der Buchhandlungen. Anleitungen für entgiftende Detox-Kuren dürfen im Repertoire ebenfalls nicht fehlen. **Warum also, könnte man fragen, schreibe ich auch noch ein Kochbuch?**

Die Antwort: Ich habe eine ganz und gar persönliche Motivation und tatsächlich etwas zu erzählen bzw. weiterzugeben. Denn Übergewicht, gerne verniedlichend als ,,Hüftgold" bezeichnet, war viele Jahre lang mein ungeliebter Begleiter, bis ich mich selbst am Schopf gepackt und es mit einem selbst erarbeiteten Abnehmprogramm aus Ernährungsumstellung und Sport geschafft habe, etliche Kilo zu verlieren und mein Wohlfühlgewicht zu erreichen.

Die Entscheidung, meine Ernährung umzustellen, hat mir die faszinierende Welt des Kochens eröffnet und meine Leidenschaft für eine gesunde, abwechslungsreiche Küche entfacht. Mit der Entdeckung vieler für mich neuer Produkte und Zutaten explodierte meine Experimentierfreude in der Küche — die neuen und ganz individuellen Gerichte purzelten nur so aus meinem Kopf in den Topf und auf den Teller. Was mich extrem freute: Die Gerichte schmeckten nicht nur mir, sondern auch meiner Familie und meinen Freunden ganz großartig!

Noch heute bereitet es mir großes Vergnügen, wenn sich Gäste bei mir spürbar wohlfühlen und mich — als mein persönliches Sahnehäubchen — auch noch um die Rezepte für das gerade Gegessene bitten.

Mit der kulinarischen Experimentierfreude stieg auch mein Interesse für das hübsche Anrichten und die fotografische Dokumentation der neuen Gerichte — das Auge isst ja bekanntlich mit! Ich begann, meine Fotos auf unterschiedlichen Kanälen über soziale Netzwerke mit der Welt zu teilen. Das Interesse an dem, was ich tat, wuchs ständig, was mich zum Aufbau meines eigenen Blogs **www.franzellii.com** führte, auf dem ich seitdem nicht nur meine Rezepte präsentiere, sondern auch über meine Erfahrungen beim Abnehmen und die Probleme, die eine solche Reise mit sich bringt, offen und ehrlich berichte.

Schnell stieg die Zahl der Klicks in ungeahnte Höhen — ich war selbst ganz erstaunt über den enormen Zuspruch, die vielen Zuschriften und Anfragen, die ich bekam. Ganz offensichtlich war meine Leidenschaft für gutes Essen so deutlich zu spüren, dass ich andere mit meiner Hingabe mitreißen konnte. Von so viel positivem Feedback war ich wirklich überwältigt. Und manches Mal schon hatte ich richtig Mühe, neben der wachsenden Korrespondenz weiterhin regelmäßig neue Rezepte zu kreieren, verwendete Zutaten vorzustellen sowie Tipps und Ratschläge zu geben.

Eigene leckere Rezepte für eine gesunde und ausgewogene Ernährung zu entwickeln, wurde für mich der Schlüssel zu einem neuen zufriedenen Leben. Die Bemühungen, mein Gewicht zu reduzieren, brachten mich allerdings auch zu einer wichtigen Erkenntnis: **Man kann nicht ständig nach Diäten leben, sondern muss seine gesamte gewohnte Ernährungs- und Lebensweise verändern, ohne den Sinn für Genuss zu verlieren.**

Wer abnehmen oder sich gesund ernähren möchte, muss nicht auf Geschmack verzichten. Der persönliche Erfolg ist dann am größten, wenn man neugierig bleibt, mit Freude immer Neues ausprobiert, seine Geschmacksnerven sensibilisiert und bewusst genießt.

Deshalb möchte ich in diesem Buch meine Erfahrungen und meine schönsten Rezepte auch mit den Menschen jenseits der Internet-Communitys teilen. Den einen oder anderen Ratschlag gebe ich dabei gerne mit auf den Weg. Mit meinen Rezepten und Kochvorschlägen möchte ich mehr Lust aufs Selberkochen und auf eine bewusste Ernährung ohne Reue machen.

Ich wünsche euch viel Spaß beim Nachkochen meiner Rezepte und Menüs — und guten Appetit beim anschließenden Genießen!

Eure

Franziska

Sonnengebräunt,
aber eigentlich
nicht glücklich

Edwin und ich

Auf dem Kreuzfahrtschiff

Früher war vieles leichter —
ich aber nicht ...

Türkische Riviera

50 Kilo Übergewicht

AUF UMWEGEN ZUM WOHLFÜHLGEWICHT

Ein Urlaub als Initialzündung

Juli 2013. Endlich wieder Urlaub und Zeit, um Sonne, Strand und Meer zu genießen! Dieses Mal ist die Wahl auf die Türkische Riviera gefallen. Hier lässt es sich auch bei hochsommerlicher Gluthitze gut aushalten, wenn man nur leicht bekleidet am Strand spazieren geht und sich ab und zu in den Wellen des Mittelmeers abkühlt. Einige anerkennende oder bewundernde Blicke inklusive. Eine traumhafte Zeit, um die Seele baumeln zu lassen — wünscht sich so nicht jeder seinen Urlaub?

Die Realität sah für mich zu diesem Zeitpunkt leider ganz anders aus. Mit 50 Kilo Übergewicht, die ich der Hitze zum Trotz unter Tüchern oder mit langer Kleidung zu verhüllen versuchte, hockte ich vollkommen frustriert mit einer Alibi-Cola-light in der Hand am Strand.

Wenn ich den Strand entlanglief, folgten mir anstelle bewundernder Blicke unzählige abfällig und verachtend dreinschauende Augenpaare. Ich fühlte mich einfach fehl am Platz.

Es war fürchterlich! Aber im Grunde war dieses Ereignis nur der Höhepunkt einer langen Geschichte. Zu deren besserem Verständnis reise ich mit euch noch etwas weiter in die Vergangenheit zurück zu den Anfängen meines „dicken Lebens".

Blick zurück auf mein „dickes Leben"

Bereits im Kindergartenalter galt ich als „propperes Mädchen", wobei ich dabei durchaus niedlich und hübsch anzuschauen war. Ich gefiel anderen und auch mir selbst. Als Begründung für meine eher kräftige Erscheinung kamen „schlechte Gene" in der Familie nur bedingt infrage, denn meine Eltern sind beide schlank. Auch war meine stetige Gewichtszunahme damals nicht damit zu rechtfertigen, dass meine Mutter falsch oder zu fett gekocht hätte. Mutti hat beim Kochen immer darauf geachtet, gesundes, vitamin- und abwechslungsreiches Essen für uns auf den Tisch zu bringen. Nur schmeckte es mir eben immer so gut, dass ich gerne etwas mehr als alle anderen am Tisch nahm. Und was mir bei Mutti an Süßem fehlte, holte ich mir heimlich aus dem Schrank oder bei Oma.

Naschen ist ja auch was Feines, und etwas heimlich zu tun, macht noch einmal mehr Spaß: So ist das im Leben mit verbotenen Dingen. Die Misere verstärkte sich, als ich bei meinen Eltern aus- und in eine eigene Wohnung einzog. Für mich allein zu kochen, machte nicht wirklich viel Spaß. Außerdem war es ja auch viel bequemer, den großen Appetit mit Fast Food zu stillen. Dönerbuden und andere Fresstempel um die Ecke zogen mich magisch an. Dort war es nett und gesellig, weil man sich nach diversen Besuchen schon kannte und wie unter Freunden mit lautem Hallo begrüßt wurde. An den Supermarktkassen lockten die Süßigkeiten zum Kauf, und ich konnte nur selten widerstehen — immer wieder landeten sie neben dem Schokoladenpudding, der aus der Kühltheke so laut nach mir gerufen hatte, in meinem Einkaufswagen. Und wenn ich zu Hause wirklich einmal den Herd benutzte, dann nur zum Aufwärmen von Fertiggerichten.

Die „Kalorienmännchen" leisten ganze Arbeit

So schlich sich ein Kilo nach dem anderen still und leise an meinen Körper — die kleinen „Kalorienmännchen" leisteten bei mir unermüdlich ganze Arbeit und ließen meinen Hüftspeck kontinuierlich wachsen. Mehr und mehr musste ich der Wahrheit ins Auge sehen, dass nicht der Spiegel Schuld hatte an meiner zunehmenden Fülle, sondern dass sie das Ergebnis aus falscher Ernährung und mangelnder Bewegung war. Das stetig steigende Gewicht schränkte nämlich zunehmend meine Bewegungsfreiheit ein. Kurze Strecken zu Fuß waren gerade noch machbar. Aber da sie für mich immer anstrengender wurden, bewältigte ich auch sie immer öfter und lieber mit dem Auto. Sofern in Gebäuden ein Aufzug oder eine Rolltreppe zur Verfügung stand, wäre ich zu diesem Zeitpunkt nie auf die Idee gekommen, stattdessen die Treppe zu nehmen — no way! Und freiwillig so etwas wie Sport zu treiben, sah meine Bequemlichkeitsliste schon gar nicht mehr vor.

Inzwischen gefiel ich mir selbst nicht mehr, ich konnte keine angesagten Klamotten wie meine Freundinnen mehr tragen, sondern versuchte, meine Körperfülle ständig durch weite, lockere, wenig farbenfrohe Kleidung zu kaschieren, damit bloß niemand auf mich aufmerksam würde, mich anstarrte und womöglich auslachte. Doch noch

viel schlimmer als die deutlich sichtbaren Auswirkungen meiner falschen Essgewohnheiten war mein psychischer Zustand. Ich igelte mich mehr und mehr ein, blieb allein oder mit Freunden lieber gleich zu Hause. Wenn alle anderen auf Partys oder zum Tanzen gingen, verbrachte ich meine Zeit als Couch-Potato auf dem Sofa. Das gesellschaftliche Leben zog immer mehr an mir vorbei, und ich mied Sozialkontakte, die mich mit fremden Menschen zusammengebracht hätten. Den dadurch entstehenden Seelenfrust bekämpfte ich wiederum mit Essen. Aus Frust stopfte ich immer weiter ungesundes Essen in mich hinein, nun war es eh egal, und auf eine Pizza mehr oder weniger kam es nicht mehr an — so redete ich es mir zumindest ein. Ich war in einem absoluten Teufelskreis gefangen!

Etwas muss sich ändern

Die zuvor geschilderten Urlaubserlebnisse brachten mein emotionales Fass schließlich endgültig zum Überlaufen, denn es war eine der schrecklichsten Erfahrungen meines bisherigen „dicken" Lebens. Auf dem harten Boden der Tatsachen angekommen, stellte ich mich selbst vor die ganz realistische Wahl: Wenn alles so bleiben würde, hätte ich auch zukünftig selbst die Konsequenzen zu tragen, müsste langfristig wohl oder übel auf viel Lebensqualität verzichten und würde ganz sicher noch mehr in die Isolation abrutschen, da ich solche Szenen nie wieder erleben wollte.

Würde ich genau das vermeiden wollen, müsste ich jetzt und hier mein Leben radikal ändern. So fasste ich aus tiefstem Herzen und großer Verzweiflung heraus den Entschluss, von heute auf morgen mein Leben auf den Kopf zu stellen, nicht für die anderen oder wegen der kränkenden Blicke, sondern für mich selbst und für mich ganz allein!

Doch wie und wo sollte ich ansetzen? Klar war, ich musste meine Ernährung radikal umstellen und mich zudem viel mehr bewegen. Um mein Verhalten zu ändern, brauchte ich aber ein konkretes Konzept. Also analysierte ich meine Essgewohnheiten und durchforstete das Internet. Ich erkannte bald, dass meine Ernährung zum größten Teil aus Kohlenhydraten und „bösen" Fetten bestanden hatte, um die ich ab sofort lieber einen großen Bogen machen sollte. Ich las Artikel zur sogenannten „Low carb, high fat"-Ernährung und probierte sie aus. Anstelle von Kohlenhydraten und einfachen Fettsäuren aß ich sehr diszipliniert nur noch Lebensmittel, die viele gesunde, weil ungesättigte Fettsäuren und Proteine enthalten. Und siehe da: Es wirkte. Glücklicherweise hatte ich auf Anhieb die für mich perfekte Ernährungsform gefunden! In kurzer Zeit verlor ich viele Kilo und gewann gleichzeitig viel Selbstvertrauen und Lebensfreude zurück.

Gutes Essen beginnt beim Einkauf

Je mehr ich über Ernährung und Essen lernte, desto größer wurde meine Kreativität in der Küche. Die Veränderung meiner Gewohnheiten begann schon beim Einkaufen der Lebensmittel. Ich liebe Wochenmärkte, stundenlang könnte ich an den Ständen vorbeischlendern. Die Verwendung von Biozutaten aus nachhaltiger Herstellung ist mir wichtig: Lieber gebe ich etwas mehr Geld aus, wenn ich weiß, dass ich dafür hochwertige Zutaten aus der Region bekomme, von denen ich weiß, woher sie stammen. Also nahm ich mir mehr Zeit zum Einkauf meiner Zutaten. Ansonsten bin ich eher der spontane Einkaufstyp. Meist starte ich mit einem kleinen Zettel in der Hand und überlege vor Ort spontan, was ich aus dem angebotenen Obst und Gemüse zubereiten könnte. Dazu braucht man natürlich ein gewisses Grundkönnen,

Erste Kochversuche

das man bei jeder Gelegenheit abrufen kann. Wenn ihr euch das (noch) nicht zutraut, schmökert für mehr Inspiration einfach öfter in Rezepten auf Blogs, in Kochbüchern oder Zeitschriften.

Der Weg zum Wunschgewicht war steinig und hart. Seit meinem Entschluss 2013 ging es nicht immer nur geradlinig nach oben und für mein Gewicht permanent steil bergab. Aber motiviert durch die Erfolge, die ich in kurzer Zeit erzielen konnte, habe ich mich immer wieder aufgerappelt und verfolge meinen Weg bis heute weiter. Nach eineinhalb Jahren hatte ich es tatsächlich geschafft, unglaubliche 50 Kilo abzunehmen! Ich war absolut perplex und konnte es selbst kaum glauben, mein Leben so ins Positive verändert zu haben. Bis heute denke ich mit Freude und Stolz an diesen Moment zurück.

Mein neuer Freund heißt „Sport"

Unterstützt habe ich die Ernährungsumstellung durch Bewegung und Sport. Mit so vielen überflüssigen Pfunden Sport zu treiben, ist anfangs allerdings leichter gesagt als getan. Denn, wie oben schon erwähnt, war Bewegung für mich zur Qual geworden. Doch da mein Entschluss wie ein Fels feststand, ließ ich ganz bewusst das Auto

Bloggertraum

wieder öfter stehen, erledigte Wege zu Fuß und begann damit, zumindest spazieren und schwimmen zu gehen, um die durch mein Gewicht eh schon sehr belasteten Gelenke zu schonen. Je mehr die Kilo schwanden, desto mehr nahm meine Bewegungsfreiheit wieder zu, und mit ihr kam die Lust auf Sport fast wie von selbst zurück. Bis zu anstrengendem Krafttraining und Ausdauereinheiten ist heute alles dabei.

Ein Bloggertraum wird wahr

Durch die superpositive Resonanz und das Interesse so vieler an meiner neuen Form der Ernährung entstand nach einiger Zeit die Idee, meine Verwandlung und die Rezepte im Internet auf einem eigenen Blog unter www.franzellii.com und über die Plattform Instagram über meinen eigens kreierten Hashtag #franzelliisrezept mit der Welt und vor allem Gleichgesinnten zu teilen. Daran hatte ich riesigen Spaß und ich konnte dabei zusehen, wie mein Profil innerhalb von wenigen Monaten immer mehr Abonnenten gewann. Das wiederum motivierte mich enorm, weiter am Ball zu bleiben.

Neben immer neuen Rezepten habe ich im Laufe der Zeit viele Beiträge über meine eigene Geschichte und die des Abnehmens geschrieben, Tipps und Tricks weitergegeben. Mit großer Hingabe und in vielen Stunden Arbeit habe ich mich in die Umsetzung und Gestaltung der Homepage, in die Rezeptfotografie, in das Filmen von Rezeptvideos und das Erstellen von „Food-Diaries" für die sozialen Netzwerke und meinen YouTube-Kanal vertieft. Noch heute freue ich mich über jeden „Gefällt mir"-Klick und positives Feedback, zum Beispiel, wenn Abonnenten auf Instagram Fotos von meinen Rezepten posten, die sie ausprobiert haben. Bisheriger Höhepunkt all dessen war für mich, es 2016 in der Kategorie „Bester FoodTuber im deutschsprachigen Raum" beim „Food Blog Award" auf den zweiten Platz geschafft zu haben. Aber auch zukünftig möchte ich mich noch weiterentwickeln und mit meinen Social-Media-Aktivitäten viele Menschen begeistern.

Rückschläge und Durststrecken gehören dazu

Neben den Abnehmerfolgen und der Motivation durch meine Familie und Freunde haben mir der enorme Zuspruch und die Anerkennung der Social-Media-Community definitiv viel neues Selbstvertrauen geschenkt und mich trotz mehrerer Rückschläge und Durststrecken am Ball bleiben lassen. Auch ich muss nach wie vor jeden Tag aufs Neue mit meinem Hüftgold kämpfen, ich kann mich nicht einfach zurücklehnen und auf den bisherigen Erfolgen ausruhen. Aber auch das habe ich gelernt zu akzeptieren. Das Wichtigste ist, auch aus negativen Momenten für sich selbst etwas Positives mitzunehmen und weiterzumachen. Tag für Tag!

Der Moment, in dem es klick macht, man aufwacht und sein Leben verändern möchte, muss aus dem eigenen Inneren kommen. Diätprogramme und -konzepte gibt es wie Sand an der Türkischen Riviera. Mit den meisten von ihnen wird man bei konsequenter Umsetzung Gewicht reduzieren. Aber es ist Quatsch, an Wunderdiäten zu glauben. Ich selbst habe gelernt, dass man auch ohne strikte Programme und Diäten unglaublich große persönliche Erfolge feiern kann und es aus eigener Kraft zum Wunschgewicht schaffen kann, wenn nur der Wille dazu da ist und man ganzheitlich arbeitet. Wichtig ist es, sich einerseits mit seiner ganz eigenen Historie und den eigenen Ernährungsgewohnheiten auseinanderzusetzen, während man sich auf der anderen Seite gründliches Basiswissen zu gesunder und ausgewogener Ernährung aneignet.

Genuss bleibt Lebensqualität

Bei alldem darf allerdings nicht auf der Strecke bleiben, dass Essen neben der Lebensgrundlage auch Kultur, Genuss und Lebensqualität bedeutet. Ich könnte nicht glücklich sein, wenn ich täglich nur Smoothies und Pülverchen zu mir nehmen dürfte, ich mich im Restaurant anstelle von kulinarischen Höhenflügen immer mit einem Teller Salat ohne Dressing begnügen müsste und bei Partys stets nur mit einem Glas Wasser in der Hand zwischen den übrigen Gästen stünde. Dafür genieße ich einfach zu gern. Übrigens habe ich während der ganzen Zeit des Abnehmens nie Kalorien gezählt oder besonders auf Nährwertangaben geachtet. Und obwohl ich nun weiß, dass mir die kohlenhydratreduzierte Ernährung sehr guttut, möchte ich nicht dauerhaft auf Pasta, duftendes, frisch gebackenes Brot und jede Menge

Obst verzichten. Darum akzeptiere ich inzwischen auch, wenn die Waage hier und da wieder etwas mehr anzeigt als in meiner schlanksten Phase. Ich weiß, dass ich mein Ziel erreichen kann. Und ich bin glücklich, mich endlich wieder wohl in meiner Haut zu fühlen, wobei mir eine gesunde und ausgewogene Ernährung ohne großen Verzicht, aber mit viel Genuss hilft.

Einige meiner besten Rezepte habe ich für euch in diesem Buch zusammengestellt. Euch wünsche ich nun erst einmal viel Spaß beim Nachkochen. Ich freue mich, wenn ihr bei Instagram unter meinem Hashtag #franzelliisrezept Bilder der nachgekochten Rezepte postet und mich wissen lasst, wie euch die Gerichte schmecken. Ich werde eure Bilder ganz sicher mit einem roten Herzchen versehen. Ansonsten freue ich mich auch immer über Feedback auf meinem Blog, per E-Mail oder auf Facebook.

Die neue Franzellii

GRANOLA-MÜSLI

Ich mag dieses Knuspermüsli am liebsten ganz klassisch mit fettarmer Milch oder Naturjoghurt! Wer mag, gibt noch frisches Obst dazu oder knuspert das Granola-Müsli einfach pur als Snack zwischendurch.

FÜR 4 PERSONEN

- 2 Tassen Haferflocken
- 1 Tasse Dinkelflocken (Großblatt)
- 1 Tasse Nüsse (z. B. Mandeln, Haselnuss- und Walnusskerne)
- 1 Tasse Kerne (z. B. Kürbis-, Sonnenblumen- und Pinienkerne)
- 1 Handvoll Kokoschips
- 1 TL Salz
- 1 TL Zimtpulver
- 1 TL gemahlene Vanille
- 1 Tasse Süßungsmittel (z. B. Honig, Ahornsirup oder Agavendicksaft)
- ¼ Tasse Olivenöl
- 50 g getrocknete Früchte (z. B. Cranberrys, Aprikosen, Datteln, Feigen, Bananen)

Zubereitung: 5 Min.
Backen: 20–30 Min.

1. Den Backofen auf 200 °C (Umluft) vorheizen. Ein Backblech mit Backpapier belegen.

2. Die Hafer- und Dinkelflocken mit Nüssen, Kernen, Kokoschips, Salz, Zimt und Vanille in einer Schüssel gründlich mischen. Süßungsmittel und Öl dazugeben und alles so lange mischen, bis keine großen Klumpen mehr vorhanden sind und sich Öl und Honig gleichmäßig um die Zutaten verteilt haben.

3. Die Masse auf dem Backblech verteilen und im Ofen auf der mittleren Schiene 20 bis 30 Minuten backen, bis der gewünschte Knuspergrad erreicht ist. Dabei immer wieder einen Blick in den Ofen werfen: Das Müsli sollte nicht verbrennen.

4. Das Granola-Müsli aus dem Ofen nehmen und vollständig abkühlen lassen, dabei wird es richtig fest. Die Trockenfrüchte untermischen und das Müsli in einem Vorratsglas fest verschlossen aufbewahren. So hält es sich etwa 2 Wochen.

Kommen erst nach dem Backen dazu, sonst werden sie zu hart!

☞ SÜSS OHNE ZUCKER ☜

Granola ist eine knusprige Müslivariante, die dank gesunder Zutaten und des Verzichts auf Kristallzucker nicht mit herkömmlichen, extrem süßen Knuspermüslis vergleichbar ist. Kerne, Cranberrys, Kokoschips und Gewürze wie Zimt und Vanille verleihen dem selbst gemachten Knusperspaß den ganz speziellen Kick.

PORRIDGE – AUS 1 MACH 3

Ein Porridge ist für mich der perfekte Start in den Tag. Der warme Haferbrei stärkt, macht lange satt und lässt sich ganz leicht abwandeln, sodass für jeden Geschmack etwas dabei ist!

BASISREZEPT

FÜR 1 PERSON

- ½ Tasse zarte Haferflocken
- ½ Tasse Schmelzflocken
- 1 Tasse fettarme Milch
- 1 Tasse warmes Wasser
- 1 TL Honig

Zubereitung: 5 Min.
Garen: 5 Min.

Zarte Haferflocken quellen schneller auf als kernige.

1. Alle Zutaten in einen kleinen Topf geben und unter ständigem Rühren aufkochen lassen.

2. Die Temperatur reduzieren und den Haferbrei bei schwacher Hitze quellen lassen, bis er schön sämig ist.

IHR MÖCHTET ES KALORIENÄRMER?

Einfach die Milch durch zusätzliches Wasser ersetzen — die Konsistenz des Breis bleibt gleich!

♡

 GUT ZU WISSEN

Haferflocken enthalten einen hohen Anteil an gesunden und vollwertigen Kohlenhydraten, Eiweiß, ungesättigten Fettsäuren und Ballaststoffen. Sie haben eine positive Wirkung auf den Blutzuckerspiegel und lassen diesen nur langsam ansteigen. Der Vorteil: Man fühlt sich länger satt.

SCHOKOHOLIC-PORRIDGE

FÜR 1 PERSON

- 1 Banane
- 1 Basisrezept
- 2–3 TL entöltes Kakaopulver
- Schokoladenraspel
  als Topping

Zubereitung: 5 Min.
Garen: 5 Min.

1. Die Banane schälen und mit einer Gabel im Topf zerdrücken. Die restlichen Zutaten dazugeben und wie im Basisrezept beschrieben bis zur gewünschten Sämigkeit köcheln lassen.

2. Die Schokoladenraspel als Topping über dem Porridge verteilen. Gleich loslöffeln!

BEERIG-FRISCHER PORRIDGE

FÜR 1 PERSON

- 1 Basisrezept
- 1 Prise Zimtpulver
- etwas gemahlene Vanille
- 1 Handvoll frische Beeren nach Wahl (z. B. Erdbeeren, Himbeeren, Heidelbeeren)
- Kokosraspel als Topping

Zubereitung: 10 Min.
Garen: 5 Min.

1. Das Basisrezept mit Zimt und Vanille bis zur gewünschten Sämigkeit kochen. Inzwischen die Beeren verlesen, größere Erdbeeren halbieren. Den Porridge mit Beeren und Koksraspeln anrichten und warm genießen.

KEINE BEERENSAISON?
Ihr könnt auch Tiefkühlbeeren verwenden.

KOKOS-MANDEL-FRENCH-TOAST

French Toast kennt ihr vielleicht als „Arme Ritter" — zum Frühstück schmecken sie mit frischem Obst und diversen Toppings noch besser! Ich liebe sie besonders mit Joghurt und Heidelbeeren oder mit Mandelmus und Erdbeeren.

FÜR 2 PERSONEN

- 2 Eier
- 5 EL Mandeldrink
- 2 TL Zucker
- 2 EL Kokosflocken
- etwas gemahlene Vanille
- 4 Scheiben Vollkorntoast
- 1 EL gehackte Mandeln
- 1 EL gemahlene Mandeln
- Obst und Topping nach Wahl

Zubereitung: 10 Min.
Backen: 15 Min.

Zu Kokosflocken und Mandeln passen Heidelbeeren oder Banane sehr gut.

1. Den Backofen auf 175 °C (Umluft) vorheizen. Ein Backblech mit Backpapier belegen.

2. Die Eier mit dem Mandeldrink in einem tiefen Teller verquirlen. Den Zucker, die Kokosflocken und die Vanille unterrühren. Die Toastscheiben nacheinander gut in der Eiermischung wenden und nebeneinander auf das Backblech legen.

3. Die Toastscheiben mit den gehackten und gemahlenen Mandeln bestreuen und im Ofen auf der mittleren Schiene etwa 15 Minuten knusprig backen.

4. Die French Toasts aus dem Ofen nehmen und auf einem Teller anrichten. Mit Topping nach Wahl (z. B. Mandelmus) bestreichen, mit Obst nach Geschmack belegen und am besten warm genießen.

☞ EINFACH PRAKTISCH ☜

Ihr könnt die French Toasts in der Pfanne braten oder, um Fett zu sparen, einfach wie in meinem Rezept im Ofen backen. Das Backen macht sie erst richtig knusprig. Ein weiterer Vorteil des Backens im Ofen: Während die Toasts vor sich hinbrutzeln, könnt ihr in aller Ruhe das Obst und die Toppings vorbereiten.

VEGANE PANCAKES

Weil der Teig eine dickflüssige Konsistenz hat, behalten die Pancakes beim Braten schön ihre Form. Ihr könnt den Teig prima schon am Vortag vorbereiten und im Kühlschrank zugedeckt aufbewahren — direkt vor dem Ausbacken dann einfach noch einmal durchrühren.

FÜR 2 PERSONEN

- 200 g Vollkornweizen- oder Dinkelmehl
- 1 TL Zimtpulver
- 1 TL Backpulver
- 250–300 ml Soja- oder Mandeldrink
- 4 EL Apfelmus
- 1 EL Apfelessig
- 2 TL Agavendicksaft
- Kokosöl zum Braten

Zubereitung: 20 Min.

Achtet beim Einkauf auf Qualität: am besten kalt gepresst oder nativ!

1. Alle trockenen Zutaten in einer Schüssel mischen, anschließend mit den feuchten Zutaten vermengen und mit dem Agavendicksaft süßen. Alles mit dem Schneebesen gut verrühren, sodass ein dickflüssiger Teig entsteht.

2. Jeweils etwas Kokosöl in einer beschichteten Pfanne erhitzen und den Teig darin portionsweise in runder Form von beiden Seiten goldbraun braten. Herausnehmen, auf Küchenpapier abtropfen lassen und sofort servieren.

3. Die Pancakes nach Belieben mit frischem Obst wie Johannisbeeren, Aprikosen, Apfelschnitzen oder Melone garnieren. Damit die Pancakes nicht zu trocken werden, nach Wunsch noch etwas Apfelmus darüber verteilen. Wenn's nicht vegan sein soll, könnt ihr auch Joghurt oder Schokoladencreme nehmen. Als Turm gestapelt, sind Pancakes ein echter Hingucker auf dem Frühstückstisch.

DINKEL-PANCAKES

Für 2 Personen 160 g Dinkelmehl mit 2 Eiern, 2 EL Agavendicksaft und 200 ml fettarme Milch zu einem dickflüssigen Teig verrühren und in einer beschichteten Pfanne in Kokosöl portionsweise zu Pancakes ausbacken. Wer will, gibt zu beiden Teigen noch weitere Gewürzen wie Spekulatiusgewürz dazu. Probiert es aus!

MOHNCRÊPES MIT HIMBEER-QUARK-FÜLLUNG

FÜR 4 CRÊPES

- 80 g Dinkelmehl
- 2 TL Mohnsamen
- 180 ml fettarme Milch
- 1 Ei
- 1 Päckchen Vanillezucker
- 150 g Himbeeren
- 150 g Speisequark
- 50 ml Mineralwasser
  (mit Kohlensäure)
- 2 EL Agavendicksaft
- 1 TL Öl

Zubereitung: 20 Min.
Garen: 12 Min.

Ihr könnt die Vollfettstufe nehmen oder auch Magerquark.

1. Mehl, Mohn, Milch, Ei und Vanillezucker in einer Schüssel mit dem Schneebesen verrühren und etwa 15 Minuten quellen lassen.

2. Inzwischen die Himbeeren verlesen, waschen und trocken tupfen. Den Quark mit dem Mineralwasser in einer Schüssel verrühren und mit Agavendicksaft süßen.

3. Eine kleine beschichtete Pfanne (20 cm Durchmesser) mit Öl bestreichen und erhitzen. Nacheinander jeweils ein Viertel des Teigs in die Pfanne geben, die Pfanne hin und her schwenken, damit sich der Teig gleichmäßig verteilen kann. Jede Crêpe bei schwacher Hitze etwa 2 Minuten backen, anschließend vorsichtig wenden und noch 1 Minute weiterbacken. Die fertigen Crêpes aus der Pfanne nehmen und auf einem Teller warm halten, bis alle gebacken sind.

4. Zum Servieren die Crêpes mit Quark bestreichen und die Hälfte der Himbeeren darauf verteilen. Jede Crêpe locker zu einem Dreieck falten und auf einem Teller anrichten. Die restlichen Himbeeren darauf verteilen. Für Extrasüße nach Belieben noch etwas Agavendicksaft über die Crêpes träufeln.

♡

☞ **GUT ZU WISSEN** ☜

Mohnsamen findet man, ganz oder gemahlen, in Bioläden oder Reformhäusern bei den Backzutaten. Gemahlene Samen sollte man möglichst rasch aufbrauchen, da sie schnell ranzig werden. Ganze Samen lassen sich gut verschlossen mehrere Monate lagern.

OMELETT MIT SCHINKEN

Was wäre ein ausgiebiges Frühstück ohne ein Omelett? Es ist schnell gemacht, superlecker, und man kann alles unter den Teig rühren, was einem schmeckt. Vegetarier lassen bei diesem Rezept den Schinken einfach weg!

FÜR 2–3 PERSONEN

- ½ Bund Frühlingszwiebeln
- 3 Scheiben Kochschinken
- 6 Eier
- Salz
- Chiliflocken
- frisch geriebene Muskatnuss
- 50 ml fettarme Milch
- Butter zum Braten
- Kresse und Chiliwürfel zum Garnieren (nach Belieben)

Zubereitung: 20 Min.

Das sind zerkleinerte getrocknete Chilis – je mehr ihr nehmt, desto schärfer wird das Omelett.

1. Die Frühlingszwiebeln putzen und waschen, den grünen Teil in dünne Ringe schneiden. Den Kochschinken halbieren und in dünne Streifen schneiden.

2. Die Eier in einer großen Schüssel gründlich verquirlen und mit Salz, Chiliflocken und Muskatnuss würzen. Die Milch hinzufügen und mit dem Schneebesen gründlich unterrühren. Die Frühlingszwiebelringe und die Schinkenstreifen dazugeben.

3. Die Butter in einer beschichteten Pfanne erhitzen, die Eiermasse hineingeben und durch Schwenken der Pfanne gleichmäßig verteilen. Nach 2 Minuten das Omelett zudecken und bei mittlerer Hitze stocken lassen (es muss nicht gewendet werden).

4. Das Omelett ist fertig, sobald die Oberfläche noch leicht flüssig ist – nicht zu lange braten und stocken lassen, denn sonst wird es zu trocken und schmeckt nur noch halb so gut. Das fertige Omelett auf einen Teller gleiten lassen, längs zusammenklappen und nach Belieben mit Kresse und Chiliwürfeln oder -flocken bestreuen.

♡

 LOCKER-LEICHTER TRAUM

Besonders luftig wird das Omelett, wenn man die Hälfte der Eier trennt und die Eiweiße zu steifem Schnee schlägt. Den Eischnee einfach unter die flüssige Masse heben und das Omelett wie beschrieben zubereiten. Wer mag, kann noch 3 in Würfel geschnittene Rispentomaten unter den Teig heben.

SMOOTHIES UND SMOOTHIE-BOWLS

Wenn etwas in meiner Küche nicht fehlen darf, dann ist es mein Standmixer!
Einfach Obst und Gemüse hineingeben, mixen, in Gläser oder Schüsseln füllen und
mit Toppings garnieren! Frischer und schneller geht es nicht …

ERDBEER-SMOOTHIE

FÜR 2 PERSONEN
- ½ Papaya
- 300 g Erdbeeren
- 1 kleines Stück Ingwer
- 300 ml Orangensaft
- 1 EL Agavendicksaft

Zubereitung: 10 Min.

Am besten natürlich frisch gepresst

1. Die Kerne aus der Papayahälfte löffeln, das Fruchtfleisch aus der Schale lösen und in kleine Würfel schneiden.

2. Die Erdbeeren waschen und putzen. Große Beeren halbieren oder vierteln.

3. Den Ingwer schälen und zusammen mit der Papaya und den Erdbeeren in den Mixer geben.

4. Orangensaft und Agavendicksaft hinzufügen und alles auf hoher Stufe mixen. Den Smoothie in Gläser füllen und sofort genießen.

DEKOTIPP
Ein Melonenstück auf den Glasrand stecken.

SUMMER-DREAM-SMOOTHIE

FÜR 2 PERSONEN
- ¼ Salatgurke
- ½ Birne
- 500 g Fruchtfleisch einer kernlosen Wassermelone
- 8–10 Blätter Minze
- 2 EL Zitronensaft
- 2 EL Agavendicksaft

Zubereitung: 10 Min.

1. Die Gurke und die Birne schälen, entkernen, grob würfeln und in den Mixer geben.

2. Das Melonenfruchtfleisch ebenfalls würfeln und mit den Minzeblättern und dem Zitronensaft dazugeben.

3. Mit Agavendicksaft süßen und auf höchster Stufe mixen. In Gläser füllen und sofort genießen.

Bye-bye, Zucker! Ich süße alle Smoothies mit Agavendicksaft.

GREEN HERO

FÜR 2 PERSONEN
- 1 Handvoll Blattspinat
- 1 Banane
- 2 Kiwis
- 1 Mango
- 2 EL Chiasamen
- 2 EL Gojibeeren

Zubereitung: 15 Min.

Einen Teil der Mango nicht mitmixen und in Spalten auf der Bowl anrichten.

1. Die Spinatblätter waschen, trocken schütteln und grob zerkleinern. Die Banane schälen und klein schneiden. Die Kiwis schälen und halbieren.

2. Die Mango schälen, das Fruchtfleisch vom Stein schneiden. Alles in den Mixer geben. 150 ml Wasser dazugießen und auf hoher Stufe zerkleinern.

3. Smoothie auf zwei Schüsseln verteilen und mit Chiasamen und Gojibeeren garnieren.

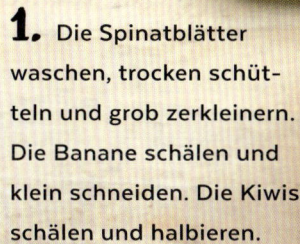

BEERIGE SMOOTHIE-BOWL

FÜR 2 PERSONEN
- 1 Banane
- je 100 g TK-Him-, -Brom- und -Heidelbeeren
- 3 EL Haferflocken
- 2 EL Agavendicksaft
- 1 Handvoll frische Himbeeren
- 2 TL Hanfsamen

Zubereitung: 10 Min.

Ein Superfood und toller Eiweißlieferant

1. Die Banane schälen und grob zerkleinern. Mit den gefrorenen Beeren, den Haferflocken, dem Agavendicksaft und 100 ml Wasser in den Mixer geben und auf höchster Stufe mixen.

2. Alles auf zwei Schüsseln verteilen, mit den frischen Himbeeren und den Hanfsamen bestreuen.

DIE BOWLS SOLLTEN ZUM LÖFFELN SCHÖN DICKFLÜSSIG SEIN!

DINKELBROT MIT WALNÜSSEN

Dieses Brot ist perfekt für Anfänger und ratzfatz zubereitet, weil der Teig nicht gehen muss. Es schmeckt auch süß mit Cranberrys oder Rosinen — und statt der Walnüsse könnt ihr auch mal Sonnenblumenkerne, Sesam oder andere Nüsse und Samen verwenden.

FÜR 1 KASTENFORM
(26 × 11 CM)

- Butter für die Form
- 1 Würfel Hefe (42 g)
- 1 Handvoll Walnusskerne
- 1 Handvoll getrocknete Tomaten
- 600 g Dinkelmehl (Type 1050)
- 2 TL Meersalz
- 1 TL Brotgewürz
- 3 EL Weißweinessig
- 1 EL Agavendicksaft

Zubereitung: 10 Min.
Backen: 1 Std.

Tomaten machen das Brot schön saftig und bunt.

1. Den Backofen auf 200 °C (Umluft). Die Form mit Butter einfetten. Die Hefe in 600 ml lauwarmem Wasser auflösen. Die Walnüsse grob hacken, die getrockneten Tomaten in dünne Streifen schneiden.

2. Das Mehl in eine Rührschüssel sieben und alle vorbereiteten und restlichen Zutaten darüber verteilen. Alles mit den Knethaken des Handrührgeräts zu einem zähen Teig verkneten.

3. Den Teig gleichmäßig in die Form füllen und mit einem Messer der Länge nach in der Mitte leicht einschneiden („aufbrechen"). Das Brot im Ofen auf der mittleren Schiene etwa 1 Stunde backen. Herausnehmen, aus der Form lösen und auf dem Ofengitter abkühlen lassen. Besonders gut schmeckt das Brot mit Avocadomus und Spiegelei (siehe unten).

☞ LECKERES SCHNITTCHEN ☜

Für den Brotaufstrich 1 reife Avocado halbieren und den Stein entfernen. Das Fruchtfleisch aus den Schalen lösen und mit einer Gabel zerdrücken, mit Zitronensaft, Salz und Pfeffer aus der Mühle würzen. In wenig Öl 2 Spiegeleier braten und salzen. 2 Brotscheiben mit dem Avocadomus bestreichen und je 1 Spiegelei daraufsetzen. Nach Belieben mit Chiliwürfeln und Kresse bestreuen.

KRÄUTERBRÖTCHEN

Ein Sonntagsfrühstück ist für mich nur mit selbst gemachten Brötchen komplett! Besonders liebe ich diese herzhaften Kräuterbrötchen. Wenn man sie am nächsten Tag leicht toastet, schmecken sie fast wie frisch gebacken.

FÜR 8 BRÖTCHEN

- 1 Bund gemischte Kräuter (z. B. Schnittlauch, Petersilie, Bärlauch, Basilikum)
- ¼ Würfel Hefe (10 g)
- 100 g Buttermilch
- 1 TL Honig
- 30 g zerlassene Butter
- 150 g Vollkornweizenmehl
- 100 g Weizenmehl + etwas Mehl zum Arbeiten
- 1 TL Salz
- 1 Ei
- Milch zum Bestreichen

Zubereitung: 15 Min.
Gehen: 1 Std.
Backen: 20 Min.

1. Die Kräuter waschen und trocken schütteln, die Blätter abzupfen und fein hacken. Die Hefe in der lauwarmen Buttermilch auflösen und den Honig mit der zerlassenen Butter unterrühren. Beide Mehlsorten mit dem Salz in einer großen Schüssel mischen. Die Hefemischung dazugießen, Kräuter und Ei untermischen und alles zu einem glatten Teig verkneten. Den Teig an einem warmen Ort zugedeckt etwa 30 Minuten gehen lassen.

2. Ein Backblech mit Backpapier belegen. Den Teig auf der bemehlten Arbeitsfläche kräftig durchkneten. Dann aus dem Teig 8 Bällchen formen, mit etwas Abstand zueinander auf das Backblech setzen und zugedeckt nochmals 30 Minuten gehen lassen.

3. Den Backofen auf 200 °C (Ober- und Unterhitze) vorheizen (Umluft entzieht den Brötchen zu viel Wasser und trocknet sie aus). Die Brötchen mit etwas Milch bestreichen und im Ofen auf der mittleren Schiene etwa 20 Minuten backen. Herausnehmen und abkühlen lassen. Wie ich die Brötchen am liebsten esse? Mit Frischkäse und Tomaten (siehe Tipp).

☞ HAPPY SUNDAY MORNING ☜

2 Brötchen quer halbieren. 1 Becher körnigen Frischkäse mit Salz und Pfeffer aus der Mühle würzen und auf den Brötchenhälften verteilen. 2 Tomaten waschen und in Scheiben schneiden, dabei die Stielansätze entfernen. 2 Radieschen putzen, waschen und in dünne Scheiben schneiden. Die Brötchenhälften damit belegen und mit etwas Kresse bestreuen. Dazu passen auch Putenbrust, Hähnchenwurst oder Rührei.

FRISCHKÄSE — VIER GEWINNT!

Diese Aufstriche sind nicht nur auf frischem Brot der Hit —
sie eignen sich auch super als Dip zu Gemüsesticks.
Man nehme ein Basisrezept und wandle es ganz einfach
nach Lust und Laune ab. Hier meine Favoriten:

BASISREZEPT

FÜR 4–6 PERSONEN
- 200 g Frischkäse
- 3 EL Milch
- 2 EL Zitronensaft
- Salz, Pfeffer aus der Mühle

*Fettreduziert oder
Doppelrahmstufe*

Zubereitung: 5 Min.

1. Den Frischkäse und die Milch in einer
Schüssel mit dem Schneebesen glatt rühren.
Den Aufstrich mit Zitronensaft, Salz und
Pfeffer abschmecken.

> IHR KÖNNT STATT
> KUHMILCHKÄSE
> AUCH ZIEGENFRISCH-
> KÄSE NEHMEN.

MIT KÜRBISKERNEN

FÜR 4–6 PERSONEN
- 4 EL Kürbiskerne
- 3 EL Kürbiskernöl
- 4 EL Schnittlauchröllchen
- 1 Basisrezept
- Salz
- Pfeffer aus der Mühle

Zubereitung: 10 Min.

*Die Kerne rösten,
bis sie knistern
und duften.*

1. Die Kürbiskerne in einer
beschichteten Pfanne ohne Fett
anrösten und grob hacken.

2. Kürbiskernöl, Schnittlauch
und gehackte Kürbiskerne unter
den Basisaufstrich rühren, mit
Salz und Pfeffer abschmecken.

MIT MANGO UND CURRY

FÜR 4—6 PERSONEN
- 3 EL Pinienkerne
- 1 reife Mango
- 2 EL Mangochutney
- 2 TL Currypulver
- 1 Basisrezept

Zubereitung: 10 Min.

Wählt zwischen scharf oder süßlich-mild!

1. Die Pinienkerne in einer beschichteten Pfanne ohne Fett anrösten und grob hacken.

2. Die Mango schälen, das Fruchtfleisch vom Stein und dann in kleine Würfel schneiden. Chutney, Currypulver und Pinienkerne unter den Basisaufstrich mischen, zuletzt die Mangostücke unterheben.

SCHÖN SCHARF
Die Schärfe der Radieschen gibt dem Aufstrich die Würze.

MIT RADIESCHEN

FÜR 4—6 PERSONEN
- 150 g Radieschen
- 3 Frühlingszwiebeln
- 2 EL Schnittlauchröllchen
- 1 Basisrezept
- Salz, Pfeffer aus der Mühle

Zubereitung: 10 Min.

1. Radieschen und Frühlingszwiebeln putzen, waschen und in kleine Würfel bzw. Scheiben schneiden.

2. Beides mit dem Schnittlauch unter den Basisaufstrich mischen, mit Salz und Pfeffer abschmecken.

☞ CLEVER AUF VORRAT ☜
Die Aufstriche sind schnell gemacht und halten sich im Kühlschrank problemlos 3 bis 4 Tage. Mein Tipp: Vom Basisaufstrich gleich eine größere Menge vorbereiten, um mehrere Varianten ausprobieren zu können oder um eigene Aufstriche zu erfinden.

Die Anleitung
zum Granatapfel-
entkernen gibt's
auf Seite 36.

FELDSALAT MIT KÄSE UND GRANATAPFEL

Wie schält man einen Granatapfel, ohne ein Schlachtfeld in der Küche zu hinterlassen? Ganz einfach: Man braucht nur eine große Schüssel mit kaltem Wasser und ein scharfes Messer. Lest unten im Tipp, wie es funktioniert!

FÜR 4 PERSONEN

- 250 g Feldsalat
- 200 g Käse
- 40 g Walnusskerne
- 1 Granatapfel
- 2 EL Rotweinessig
- 3 EL Sonnenblumenöl
- Salz
- Pfeffer aus der Mühle

Zubereitung: 20 Min.

Gouda, Edamer, Maasdamer bzw. Leerdammer, Butterkäse oder eine andere Sorte nach Wahl

1. Den Feldsalat verlesen, waschen und trocken schleudern. Den Käse in mundgerechte Würfel schneiden. Die Walnusskerne mit einem Messer grob hacken. Wer mag, kann die Nüsse vorher noch in einer beschichteten Pfanne ohne Fett kurz anrösten. Den Granatapfel entkernen (siehe Tipp).

2. Für das Dressing die Granatapfelkerne mit dem Essig und dem Öl verrühren, mit Salz und Pfeffer würzen. Feldsalat, Käsewürfel und Walnüsse mit dem Dressing gründlich mischen und den Salat sofort servieren.

☞ GEWUSST WIE ☜

Den Granatapfel auf einem Küchenbrett aus Kunststoff in der Mitte quer halbieren. Die beiden Hälften in eine Schüssel mit kaltem Wasser legen und die Schale unter Wasser in kleine Teile aufbrechen. Die Granatapfelkerne lassen sich so leicht auslösen und sinken auf den Boden der Schüssel, während die leichten Häutchen oben schwimmen. So könnt ihr sie gut abschöpfen — oder ihr siebt die Kerne schnell ab.

BLUMENKOHLSALAT MIT PINIENKERNEN

Das Auge isst mit — falls ihr also euren Salat lieber Ton in Ton mögt, könnt ihr statt Blumenkohl auch supergut Brokkoli verwenden. Den Blumenkohl einfach 1:1 durch seinen grünen Verwandten ersetzen und genauso zubereiten.

FÜR 4 PERSONEN

- 1 mittelgroßer Blumenkohl
- 2 EL Öl
- Salz
- 2 große Zwiebeln
- 250 g Feldsalat
- 50 g Pinienkerne
- 1 Bio-Zitrone
- 4 EL Walnussöl
- Pfeffer aus der Mühle

Zubereitung: 30 Min.

Auch Leinöl oder Hanföl ist hier toll!

1. Den Blumenkohl putzen, waschen und in Röschen teilen. Die Röschen in einem Topf im Öl etwa 3 Minuten andünsten. ½ l Wasser und 2 TL Salz dazugeben und den Blumenkohl zugedeckt bei mittlerer Hitze etwa 10 Minuten bissfest garen. In ein Sieb abgießen und abtropfen lassen, dabei 6 bis 8 EL vom Blumenkohlsud auffangen und beiseitestellen.

2. Die Zwiebeln schälen, halbieren und in dünne Ringe schneiden. Den Feldsalat verlesen, waschen und trocken schleudern. Die Pinienkerne in einer beschichteten Pfanne ohne Fett goldbraun rösten und abkühlen lassen.

3. Für das Dressing die Zitrone heiß waschen, abtrocknen und halbieren. Eine Hälfte auspressen. Den beiseitegestellten Blumenkohlsud mit Zitronensaft und Walnussöl verrühren, dann mit Salz und Pfeffer würzen. Die Blumenkohlröschen mit den Zwiebeln und dem Feldsalat mischen und das Dressing unterrühren.

4. Die übrige Zitronenhälfte in Scheiben schneiden. Den Salat mit Pinienkernen bestreuen und mit Zitronenscheiben garnieren.

☞  **COOLER KOHL** ☜

Wusstet ihr, dass Blumenkohl und Brokkoli zu den gesündesten Gemüsen überhaupt gehören? In ihnen stecken jede Menge Vitamin C und viel Kalzium, dazu kommen Kalium, Magnesium, Eisen und Folsäure. Ganz schön cool der Kohl, oder?

ZUCKERSCHOTENSALAT MIT MÖHREN

Zuckerschoten schmecken wie Erbsen, sind aber deutlich süßer, sehr knackig und zart. Mit Möhren bilden die Schoten ein echtes Dream-Team. Dem Salat geben Basilikum und Pinienkerne einen italienischen Touch, deshalb passen Parmaschinken und Ciabatta auch perfekt dazu.

FÜR 4 PERSONEN

- 300 g Zuckerschoten
- 300 g Möhren
- 1 Bund Basilikum
- 40 g Pinienkerne
- 3 EL Aceto balsamico
- 6 EL Olivenöl
- 2 Knoblauchzehen
- 1 TL Zucker
- Salz
- Pfeffer aus der Mühle

Zubereitung: 25 Min.

1. Die Zuckerschoten putzen und waschen. Die Möhren putzen, schälen und schräg in dünne Scheiben schneiden. Zuckerschoten und Möhren in einem Topf in kochendem Wasser etwa 3 Minuten blanchieren, anschließend in ein Sieb abgießen, kalt abschrecken und abtropfen lassen.

2. Das Basilikum waschen, trocken schütteln und die Blätter abzupfen. Die Pinienkerne in einer Pfanne ohne Fett goldbraun rösten und abkühlen lassen.

3. Für das Dressing Essig und Öl in einer Schüssel gründlich mischen. Die Knoblauchzehen schälen und dazupressen. Das Dressing mit Zuckerschoten und Möhren mischen, dann den Salat mit Zucker, Salz und Pfeffer würzen und auf Tellern anrichten. Mit Pinienkernen und Basilikumblättern bestreut servieren.

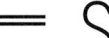

☞ ASIAN STYLE ☜

Ihr könnt diesem Salat auch eine asiatische Geschmacksrichtung geben.
Dafür das Basilikum durch Koriandergrün ersetzen und anstelle von Aceto balsamico
und Olivenöl Reisessig und geröstetes Sesamöl nehmen. Wer möchte, ersetzt
außerdem das Salz durch Sojasauce und würzt zusätzlich mit 1 Spritzer Fischsauce.
Die Pinienkerne einfach weglassen.

BULGURSALAT MIT GEMÜSE

Bulgur ist in orientalischen Ländern ein wichtiges Grundnahrungsmittel. Er ist reich an Vitaminen, Magnesium und Kalzium und enthält viele Ballaststoffe, die für den Satteffekt sorgen. Ich mische Bulgur gerne mit frischem, buntem Gemüse zu einem leckeren Salat. Übrigens: In ein Schraubglas gefüllt, ist der Salat perfekt zum Mitnehmen geeignet!

FÜR 4 PERSONEN

- 250 g Bulgur
- 1 Salatgurke
- 250 g Cocktailtomaten
- 1 orangefarbene Paprikaschote
- 1 Bund Frühlingszwiebeln
- je 1 Bund Petersilie und Minze
- 50 g Salatkernmischung
- Saft von ½ Zitrone
- 4 EL Olivenöl
- 1 Knoblauchzehe
- 1 TL gemahlener Kreuzkümmel
- Salz, Pfeffer aus der Mühle

Zubereitung: 30 Min.
Ziehen: 1 Std.

Vielleicht auch noch etwas mehr zum Abschmecken vor dem Servieren

1. Den Bulgur in einem Topf in Wasser nach Packungsanweisung garen, anschließend abkühlen lassen.

2. Inzwischen die Gurke schälen, der Länge nach vierteln, die Kerne herausschneiden und das Fruchtfleisch in kleine Würfel schneiden. Die Tomaten waschen und vierteln. Die Paprika längs halbieren, entkernen, waschen und in kleine Würfel schneiden. Die Frühlingszwiebeln putzen, waschen und in dünne Ringe schneiden. Petersilie und Minze waschen und trocken schütteln, die Blätter abzupfen und fein hacken. Die Salatkernmischung in einer beschichteten Pfanne ohne Fett anrösten und abkühlen lassen.

3. Für das Dressing den Zitronensaft mit dem Öl und 2 EL Wasser gründlich verrühren. Die Knoblauchzehe schälen und dazupressen. Das Dressing mit Kreuzkümmel, Salz und Pfeffer würzen.

4. Den gekochten Bulger mit Gemüse, Frühlingszwiebeln, Kräutern und gerösteten Kernen mischen, dann das Dressing unterheben. Den Salat etwa 1 Stunde durchziehen lassen, zum Servieren nach Belieben mit etwas Zitronensaft verfeinern.

☞ KÖRNERKUNDE ☜

Zum Glück steht altes Getreide gerade wieder hoch im Kurs und ihr bekommt im Supermarkt oder im Bioladen eine satte Sortenauswahl. Wer experimentierfreudig ist, kann den Bulgur zum Beispiel durch Grünkern, Buchweizen, Graupen oder auch das Pseudogetreide Quinoa ersetzen, das voller Nährstoffpower steckt.

PERFEKTER SALATGENUSS

Frische Zutaten machen noch lange keinen guten Salat! Erst durch die richtige „Anmache" und reichlich frische Kräuter wird der Genuss perfekt. Alle Rezepte reichen für 4 Personen.

GRUNDREZEPT VINAIGRETTE

Eine Vinaigrette geht denkbar einfach: Ihr verrührt 4 EL Weißweinessig mit 8 EL Olivenöl und würzt das Ganze mit Salz und Pfeffer aus der Mühle. Für ein French Dressing mixt man noch 2 bis 3 EL mittelscharfen Senf unter die Vinaigrette.

JOGHURT-KRÄUTER-DRESSING

Je ½ Bund Schnittlauch und Petersilie waschen, trocken schütteln und fein schneiden, dann mit 1 TL Zitronensaft, Salz und Pfeffer aus der Mühle unter 150 g Naturjoghurt rühren. Passt super zu allen Blattsalaten. Die Variante mit Dill ist der Klassiker für Gurkensalat.

SHAKE IT!

Geschüttelt in einem Schraubglas, werden die Dressings richtig schön sämig, denn so können sich Öl und Wasser am besten zu einer Emulsion verbinden.

BALSAMICO-DRESSING

6 EL Olivenöl, je 4 EL Aceto balsamico und Wasser mit 3 TL Honig, Salz und Pfeffer verrühren. Die Süße des Dressings ist abhängig von der Honigsorte — bei Bedarf einfach etwas mehr Honig verwenden. Damit mache ich gerne alle Arten von grünen Blattsalaten an.

WÜRZIGES CRÈME-FRAÎCHE-DRESSING

150 g Crème fraîche mit 1 TL Sambal Oelek, 2 EL Wasser, 1 TL Zucker und 1 TL Zitronensaft verrühren. Mein Lieblingsdressing zu Salaten mit Tomaten, aber auch eine tolle Sauce zu Salaten mit Bulgur oder Couscous.

BEIM EINKAUF GEHT'S SCHON LOS

- Auf knackige Blätter und leuchtende Farben achten — dann sind die Zutaten wirklich frisch. Mit saisonaler Ware aus der Region liegt ihr genau richtig und voll im Trend!
- Wichtig für den Geschmack sind auch hochwertige Öle und Essige. Am besten auf Bio-qualität und Fair-Trade-Siegel achten!

GESCHMACK IST GRÜN!

- Frische Kräuter sind ein Muss! Neben den bekannten und oft verwendeten Standardkräutern wie Schnittlauch, Petersilie, Dill und Basilikum machen sich auch Rosmarin, Thymian, Koriander, Salbei, Minze oder Majoran im Salat sehr gut.
- Zum Aufbewahren schneidet ihr die Kräuter am besten bereits zu und friert sie in kleinen Portionen ein. Ansonsten kann man die Kräuter in einen Gefrierbeutel einschlagen und im Kühlschrank lagern — so halten sie sich mehrere Tage!
- Für den Winter eignen sich getrocknete Kräuter gut, denn sie sind ebenfalls sehr aromastark und intensiv im Geschmack.

DAS DRESSING IMMER ZUM SCHLUSS

Blattsalate immer erst direkt vor dem Servieren mit dem Dressing mischen, sonst bleiben sie nicht mehr knackig, sondern werden schnell matschig. Anders bei Nudel- oder Kartoffelsalat: Denen tut langes Durchziehen gut, dann aber vor dem Servieren noch einmal gut nachwürzen.

ROTE-BETE-SALAT MIT RÄUCHERFORELLE

Rote Beten sind ein echtes Highlight auf dem Teller! Vom Spätsommer bis zum Frühjahr sind die Knollen frisch auf dem Markt. Für die schnelle Variante nehmt ihr wie ich hier vorgegarte Rote Beten, die es vakuumverpackt ganzjährig im Supermarkt gibt.

FÜR 4 PERSONEN

- 1 kleiner rotschaliger Apfel
- 4 EL Olivenöl
- 4 EL Apfelessig
- 1 Prise Zucker
- Salz, Pfeffer aus der Mühle
- 100 g Friséesalat
- 200 g Feldsalat
- 4 vorgegarte Rote Beten (vakuumverpackt)
- 4 geräucherte Forellenfilets
- 4 TL geriebener Meerrettich (aus dem Glas)
- 150 g Frischkäse (Doppelrahmstufe)

Zubereitung: 20 Min.

Hat den Vorteil, dass man die Roten Beten nicht lange kochen muss

1. Für die Apfelvinaigrette den Apfel waschen, vierteln und das Kerngehäuse entfernen. Die Apfelviertel sehr fein würfeln und mit Öl, Essig, Zucker, Salz und Pfeffer in einer kleinen Schüssel mischen.

2. Beide Salatsorten putzen, waschen, trocken schleudern und auf Tellern anrichten. Die Rote-Bete-Knollen mit Küchenpapier trocken tupfen, in dünne Scheiben schneiden und mit den Forellenfilets auf dem Salatbett verteilen (beim Schneiden der Rote-Bete-Knollen am besten Einweghandschuhe tragen — sie färben ab!). Wer mag, schneidet zusätzlich noch zweiten Apfel in Spalten und verteilt diese mit auf dem Salat. Alles mit der Vinaigrette beträufeln.

3. Den Meerrettich mit dem Frischkäse gründlich verrühren. Mit 2 Esslöffeln Nocken aus der Masse abstechen und auf den Salat setzen. Den Rote-Bete-Salat sofort servieren.

 BUNT IS(S)T GESUND

Rote Beten sind viel mehr als nur ein Hingucker: Sie sind geschmacksintensiv und in der Küche vielseitig einsetzbar, stecken dabei voller wichtiger Nährstoffe und enthalten das Pigment Betacyanin, das den kugeligen Rüben ihre kräftig rote Farbe gibt. Letzteres dient auch als kraftvolle Unterstützung zur Abwehr von Krebszellen.

GRÜNER SALAT MIT GEBRATENEM FETA

Knackig frischer Blattsalat, knusprige, goldbraun gebratene Fetastücke und ein würziges Dressing: Dieser Salat hat alles, was ein leckeres Sommeressen braucht. Er schmeckt auch mit Tomaten, Gurken oder anderem Gemüse.

FÜR 2 PERSONEN

- 200 g Feta (Schafskäse)
- 1 EL Vollkorndinkelmehl
- 2–3 EL Vollkornsemmel-brösel
- 1 Ei
- Öl zum Braten
- 2 Handvoll Pflücksalat oder 1 grüner Kopfsalat
- 4 EL Kürbiskernöl
- 1 Spritzer Zitronensaft
- 1 EL Zucker
- 4 EL Schnittlauchröllchen
- Salz, Pfeffer aus der Mühle

Zubereitung: 25 Min.

Färbt das Dressing dunkel und sorgt für ein nussiges Aroma

1. Den Schafskäse trocken tupfen und in 4 gleich große Stücke schneiden. Das Mehl und die Semmelbrösel jeweils in tiefe Teller geben. Das Ei in einem weiteren tiefen Teller verquirlen. Die Schafskäsestücke zunächst im Mehl wenden, dann durch das verquirlte Ei ziehen und zuletzt in den Semmelbröseln wenden.

2. Eine Pfanne mit Öl erhitzen und die panierten Käsestücke darin rundum goldbraun braten. Herausnehmen und auf Küchenpapier abtropfen lassen.

3. Den Salat putzen, waschen und trocken schleudern. Für das Dressing das Kürbiskernöl mit Zitronensaft, Zucker und Schnittlauch mischen, dann mit Salz und Pfeffer würzen.

4. Das Dressing mit den Salatblättern mischen und den gebratenen Fetakäse darauf anrichten. Unbedingt warm genießen!

☞ ALLES KÄSE, ODER WAS? ☜

Anstelle von Feta könnt ihr natürlich auch andere Käsesorten verwenden. Probiert das Rezept auch einmal mit Ziegenkäsetalern, Camembert oder Gouda. Je härter der Käse, desto weniger weich wird beim Braten sein Kern.

MEIN LIEBLING:
♡ AVOCADO ♡

Avocado gilt trotz bzw. gerade wegen ihres hohen Fettgehalts als sehr gesunde Frucht. Sie enthält viele wertvolle Vitamine, darunter Provitamin A, Vitamin B_6 und Vitamin E.

Avocados kann man das ganze Jahr über kaufen, besonders aromatisch schmecken sie im Herbst.

Das grüne Powerpaket ist gut für die Haut, unterstützt den Eiweißstoffwechsel, fördert die Produktion von Hämoglobin und stärkt die Abwehrkräfte.

Braucht man nur eine Hälfte der Frucht, ist es besser, den Kern in der anderen Hälfte zu lassen, denn so bleibt die Avocado länger frisch.

GUACAMOLE

Das Mus stammt aus der mexikanischen Küche. Es passt perfekt zu Tortillachips, schmeckt aber auch zu Fleisch und Fisch richtig gut.

Für 4 Personen **2 reife Avocados** längs aufschneiden und jeweils den Kern entfernen. Das Fruchtfleisch mit einem Löffel herauslösen, in eine Schüssel geben und mit einer Gabel zerdrücken. **2 Tomaten** waschen und in kleine Würfel schneiden, dabei die Stielansätze und Kerne entfernen. **1 EL Frischkäse** unter das Avocadomus rühren. 1 Knoblauchzehe schälen, dazupressen und ebenfalls unterrühren. Zuletzt die Tomatenwürfel unterheben, die Guacamole mit dem **Saft von ½ Zitrone, Salz** und **Pfeffer aus der Mühle** würzen.

Zubereitung: 10 Min.

GREEN DREAM

Ein super Powerdrink, zu dem Chiasamen, Kakaonibs oder Gojibeeren das perfekte Topping abgeben!

Für 1 Glas **1 reife Avocado** längs aufschneiden und den Kern entfernen. Das Fruchtfleisch mit einem Löffel herauslösen, mit **1 Handvoll Blattspinat** und dem **Saft von ½ Zitrone** in den Mixer geben. **Je ½ Apfel und Birne** waschen, entkernen, in Stücke schneiden und ebenfalls in den Mixer geben. **¼ Salatgurke** waschen, klein schneiden und mit **1 kleinem Stück Ingwer** dazugeben. **300 ml Kokoswasser** angießen und alles auf hoher Stufe mixen. Eventuell noch etwas Kokoswasser dazugeben.

Zubereitung: 10 Min.

Der Klassiker mal anders! Schmeckt solo oder als Beilage

WARMER AVOCADO-KARTOFFELSALAT

Für 4 Personen **600 g festkochende Kartoffeln** waschen und in **Salz**wasser ca. 25 Minuten garen. Inzwischen für das Dressing **1 Bund Frühlingszwiebeln** putzen und waschen, das Grüne in feine Ringe schneiden und in eine Salatschüssel geben. **1 Knoblauchzehe** schälen und dazupressen. **5 EL Olivenöl, 2 EL Dijon-Senf, 3 EL Aceto balsamico bianco, je 2 EL Agavendicksaft** und **Sojasauce** sowie etwas Wasser dazugeben und alles verrühren. Mit **Salz** und **Pfeffer aus der Mühle** abschmecken.

1 Avocado längs halbieren, den Kern entfernen und das Fruchtfleisch in Scheiben schneiden. **1 Bund Radieschen** putzen, waschen und in Scheiben schneiden. **1 Apfel** waschen, entkernen und in Würfel schneiden. Alles in die Schüssel geben. Die gegarten Kartoffeln abgießen, noch warm pellen, in Scheiben schneiden und mit den anderen Zutaten und dem Dressing in der Schüssel mischen. Etwas **gehackte Petersilie** darüberstreuen.

Zubereitung: 35 Min.

GRIECHISCHER BAUERNSALAT

Zu diesem Salat esse ich am liebsten knuspriges Weißbrot. Und weil es gar nicht schwer ist, so ein Brot selbst zu backen, verrate ich euch unten im Tipp, wie es geht. Probiert es am besten direkt einmal aus!

FÜR 2 PERSONEN

- 1 Salatgurke
- 500 g Tomaten
- je 1 gelbe und orange-farbene Paprikaschote
- 1 große Zwiebel
- 1 Bund gemischte Kräuter (z. B. Oregano, Petersilie, Schnittlauch)
- 250 g Feta (Schafskäse)
- 6 EL Olivenöl
- 2 EL Aceto balsamico bianco
- 2 EL Zitronensaft
- 1 TL Zucker
- Salz, Pfeffer aus der Mühle
- 100 g schwarze Oliven

Zubereitung: 20 Min.

1. Die Salatgurke schälen, der Länge nach halbieren und in mundgerechte Stücke schneiden. Die Tomaten waschen und achteln, dabei die Stielansätze entfernen. Die Paprikaschoten längs halbieren, entkernen, waschen und in grobe Würfel schneiden.

2. Die Zwiebel schälen und in dünne Ringe schneiden. Die Kräuter waschen und trocken schütteln, die Blätter abzupfen und fein hacken. Den Schnittlauch in feine Röllchen schneiden. Den Schafskäse abtropfen lassen und grob zerkrümeln.

3. Alle Zutaten in eine große Schüssel geben. Für das Dressing Öl, Essig und Zitronensaft gründlich verrühren, mit Zucker, Salz und Pfeffer würzen. Das Dressing unter die Salatzutaten mischen. Zum Servieren die Oliven über den Salat streuen.

☞ DAS KRIEGT JEDER GEBACKEN ☜

Für 1 Laib Weißbrot 1 Würfel Hefe (42 g) mit 2 EL Zucker in 350 ml lauwarmer fettarmer Milch auflösen. 600 g Mehl mit 1 TL Salz und 4 EL Olivenöl in eine Schüssel geben und die lauwarme Hefemilch dazugießen. Alles mit den Knethaken des Handrührgeräts verkneten. Den Teig zugedeckt an einem warmen Ort etwa 15 Minuten gehen lassen. Den Backofen auf 180 °C (Umluft) vorheizen. Ein Backblech mit Backpapier belegen. Den Teig zu einem Laib formen, mit etwas Öl bestreichen und im Ofen auf der mittleren Schiene 30 Minuten backen.

BLATTSALAT MIT RINDFLEISCHSTREIFEN

FÜR 4 PERSONEN

- 4 Romana-Salatherzen
- 1 kleiner Radicchio
- 1 Handvoll Rucola
- 250 g Cocktailtomaten
- 350 g Rindersteak
- Steak-Gewürzmischung
- 5 EL Olivenöl
- Salz, Pfeffer aus der Mühle
- 150 g Naturjoghurt
- 2 TL mittelscharfer Senf
- 2 TL Worcestersauce
- 1 EL Zitronensaft
- 1 Prise Zucker
- 50 g gehobelter Hartkäse

Zubereitung: 30 Min.

Ich verwende für dieses Rezept gerne Grana Padano.

1. Die Salatherzen und den Radicchio putzen, waschen, trocken schleudern und in Streifen schneiden. Den Rucola verlesen, waschen und trocken schleudern, dabei die groben Stiele entfernen. Die Tomaten waschen und halbieren oder vierteln.

2. Das Steak in Streifen schneiden und mit dem Steakgewürz rundum würzen. In einer Pfanne 2 EL Öl erhitzen und die Steakstreifen darin bei starker Hitze rundum etwa 2 Minuten knusprig anbraten. Mit Salz und Pfeffer würzen und warm halten.

3. Für das Dressing das restliche Olivenöl mit Joghurt, Senf, Worcestersauce, Zitronensaft und Zucker mischen und mit Salz und Pfeffer würzen. Die Salat- und Rucolablätter mit den Tomaten und den Steakstreifen auf Teller verteilen, mit dem Dressing beträufeln und mit dem gehobelten Käse bestreuen.

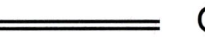
 FLEISCHESLUST

Statt Rindersteak könnt ihr natürlich auch andere Fleischsorten nehmen, wichtig ist, dass sich die Stücke zum Kurzbraten eignen. Versucht es auch einmal mit Schweinefilet, Hähnchen- oder Putenbrust. Wenn ihr bei der Bratdauer unsicher seid und vermeiden möchtet, dass das Fleisch trocken wird, könnt ihr das Stück im Ganzen braten und erst vor dem Servieren aufschneiden.

CURRY-EIERSALAT

Ihr fragt euch jetzt vielleicht, ob ein Eiersalat mit Curry wirklich schmeckt?
Ja klar, und wie! Das ist sogar eine ganz großartige Kombi. Mir schmeckt der
Salat am besten mit Vollkornbrot oder als Beilage zu Fleischgerichten.

FÜR 6 PERSONEN

- 300 g Naturjoghurt
- 6 geh. TL Currypulver
- Salz
- Pfeffer aus der Mühle
- 8 Eier
- 2 Stangen Lauch

Zubereitung: 20 Min.
Ziehen: 1 Std.

*Ihr könnt Sahnejoghurt
oder fettarmen Joghurt nehmen.*

1. Für das Dressing den Joghurt mit dem Currypulver, Salz und
Pfeffer verrühren und etwa 20 Minuten durchziehen lassen.

2. In der Zwischenzeit die Eier 6 bis 8 Minuten hart kochen, anschließend mit kaltem Wasser abschrecken, pellen und je nach Größe
der Länge nach vierteln oder achteln.

3. Den Lauch putzen und waschen, die weißen bis hellgrünen Teile
in feine Ringe schneiden. Die Lauchringe in kochendem Salzwasser
2 bis 3 Minuten bissfest blanchieren. Anschließend in ein Sieb abgießen, kalt abschrecken und gut abtropfen lassen.

4. Die Eier mit den Lauchringen mischen und das Dressing vorsichtig darüber verteilen. Den Curry-Eiersalat mindestens 1 Stunde
abgedeckt durchziehen lassen.

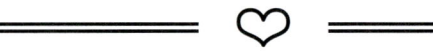

☞ ABWECHSLUNG GEFÄLLIG? ☜

Eine fruchtig-süße Komponente bekommt der Salat, wenn ihr
noch etwas in kleine Würfel geschnittenes Obst dazugebt. Ich nehme
zum Beispiel gerne Nektarine oder Birne. Sehr lecker!

SPAGHETTI AGLIO, OLIO E PEPERONCINO

PESTO VERDE

PESTO ROSSO

PESTO ROSSO UND PESTO VERDE

Selbst gemachtes Pesto ist viel aromatischer als die fertig gekaufte Verwandtschaft aus dem Supermarkt. Seine Zubereitung ist wirklich ein Kinderspiel — ihr braucht nur einen guten Stand- oder Stabmixer!

FÜR DAS PESTO ROSSO

- 130 g getrocknete, in Öl eingelegte Tomaten
- 2 Knoblauchzehen
- 5 Basilikumblätter
- 30 g Grana Padano (am Stück)
- 40 g Pinienkerne
- 7 EL Olivenöl

FÜR DAS PESTO VERDE

- 1 Bund Basilikum
- 1 Knoblauchzehe
- 50 g Parmesan (am Stück)
- 30 g Grana Padano (am Stück)
- 20 g Pinienkerne
- 10 g Walnusskerne
- ½ TL Salz
- 12 EL Olivenöl

Zubereitung:
jeweils 20 Min.

1. Für das Pesto rosso die getrockneten Tomaten in kleine Würfel schneiden. Die Knoblauchzehen schälen. Die Basilikumblätter waschen und trocken tupfen. Den Käse fein reiben. Tomaten, Knoblauchzehen, Basilikumblätter, Käse und Pinienkerne im Mixer oder in einem hohen Rührbecher mit dem Stabmixer fein pürieren. Wer's scharf mag, gibt noch 1 geputzte rote Chilischote dazu. Das Öl langsam dazugießen und alles so lange mixen, bis das Pesto die gewünschte Konsistenz hat. Falls sich das Pesto schwer mixen lässt, einfach etwas kaltes Wasser dazugeben.

2. Für das Pesto verde das Basilikum waschen, trocken schütteln und die Blätter abzupfen. Die Knoblauchzehe schälen. Den Parmesan und den Grana Padano fein reiben. Basilikum, Knoblauch, beide Käsesorten, Pinien- und Walnusskerne und das Salz im Mixer oder in einem hohen Rührbecher mit dem Stabmixer fein pürieren. Langsam das Öl dazugießen und alles so lange mixen, bis die gewünschte Konsistenz erreicht ist.

3. Die Pestos am besten in Schraubgläser füllen, mit etwas Olivenöl bedecken und gut verschlossen aufbewahren — so halten sie sich im Kühlschrank mehrere Tage.

☞ GESCHENKT! ☜

Verseht die Pestogläser mit einem netten Aufkleber und packt sie schön ein, dann sind sie zusammen mit einer Packung Nudeln oder einer Flasche Wein das perfekte Mitbringsel, wenn ihr eingeladen seid.

SPAGHETTI AGLIO, OLIO E PEPERONCINO

Spaghetti mit Knoblauch, Olivenöl und Chili — feurig, scharf und würzig! Ein absoluter Klassiker auf italienischen Speisekarten und eines meiner persönlichen Pasta-Highlights.

FÜR 2 PERSONEN

- 250 g Spaghetti
- Salz
- 4 Knoblauchzehen
- 2 getr. Chilischoten
- 5 EL Olivenöl
- Saft von ½ Zitrone
- Pfeffer aus der Mühle
- 2 TL getr. Basilikum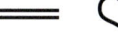

Zubereitung: 10 Min.

Frisch ist natürlich auch nicht schlecht!

1. Die Spaghetti in reichlich kochendem Salzwasser nach Packungsanweisung bissfest garen.

2. Inzwischen die Knoblauchzehen schälen und in dünne Scheiben schneiden (siehe Tipp). Die Chilischoten sehr fein hacken oder im Mörser zerreiben.

3. Das Öl in einer großen Pfanne mit hohem Rand erhitzen und die Knoblauchscheiben mit den Chilis darin bei mittlerer Hitze kurz anbraten. Die Spaghetti in ein Sieb abgießen und abtropfen lassen, sofort in die Pfanne geben und im Olivenöl sorgfältig schwenken. Alles mit Zitronensaft, Salz und Pfeffer würzen und mit Basilikum bestreuen. Sofort servieren.

♡

DUFTE ZEHEN

Kennt ihr das? Knoblauchgeruch an den Händen kann ganz schön hartnäckig sein und auch am nächsten Tag noch an die Mahlzeit vom Vorabend erinnern. Mein Tipp: Beim Schneiden der Zehen Einweghandschuhe tragen, dann passiert das garantiert nicht! Übrigens: Wenn ihr Knoblauch bratet, das Öl nie zu heiß werden lassen, denn die zarten Zehen verbrennen sehr schnell und schmecken dann unangenehm bitter.

FARFALLE ALLA SICILIANA

Mit Gemüse „alla siciliana" bringen hier Schmetterlingsnudeln italienisches
Urlaubsfeeling auf den Teller. Das Gericht schmeckt sowohl warm als auch kalt
sehr gut — daher ist es perfekt als Nudelsalat „to go" geeignet.

FÜR 4 PERSONEN
- 1 kleine Aubergine
- 1 gelbe Paprikaschote
- 2 Tomaten
- 2 Knoblauchzehen
- 3 EL Olivenöl
- 100 ml Gemüsebrühe
- 250 ml passierte Tomaten
  (aus der Dose)
- Salz, Pfeffer aus der Mühle
- 1 TL Chiliflocken
- 1 Handvoll Basilikumblätter
- 400 g Farfalle
- 150 g Ricotta
- 2 TL Zitronensaft

Zubereitung: 35 Min.

Italienischer Frischkäse aus
Schafs- und/oder Kuhmilch

1. Zucchini und Aubergine putzen, waschen und in kleine Würfel
schneiden. Die Paprikaschote längs halbieren, entkernen, waschen
und in kleine Würfel schneiden. Die Tomaten waschen und in Würfel
schneiden, dabei die Stielansätze entfernen. Die Knoblauchzehen
schälen und in feine Würfel schneiden.

2. Das Öl in einer großen Pfanne erhitzen, Zucchini, Aubergine und
Paprika darin anbraten. Tomatenwürfel und Knoblauch nach kurzer
Zeit hinzufügen und mit der Brühe und den passierten Tomaten ab-
löschen. Mit Salz, Pfeffer und Chiliflocken würzen und bei mittlerer
Hitze etwa 20 Minuten köcheln lassen.

3. Inzwischen die Basilikumblätter waschen und trocken tupfen.
Die Farfalle in reichlich kochendem Salzwasser nach Packungsanweisung bissfest garen. In ein Sieb abgießen und abtropfen
lassen, sofort weiterverarbeiten.

4. Die Hälfte des Ricottas unter das Gemüse heben und alles mit
Zitronensaft würzen. Die Nudeln unter das Gemüse mischen. Die
Pasta auf Tellern anrichten, den restlichen Ricotta und die Basili-
kumblätter darüber verteilen.

 ZUM PIMPEN

Ihr könnt die Nudeln auch mit Ofentomaten pimpen. Dafür 500 g Cocktailtomaten
waschen, abtrocknen, halbieren und auf einem mit Backpapier belegten Backblech verteilen. Mit 3 EL Olivenöl beträufeln, mit Nadeln von 1 Rosmarinzweig
sowie je 1 Prise Zucker, Salz und Pfeffer aus der Mühle bestreuen. Die Tomaten
im vorgeheizten Backofen bei 180 °C etwa 20 Minuten schmoren.

ONE POT PASTA

Praktischer und zeitsparender geht es kaum: Man braucht keine zwei Pfannen und drei Töpfe, sondern alle Zutaten inklusive der Nudeln kommen zusammen in einen Topf. Kurz köcheln lassen, und schon kann man die fertige Pasta genießen!

FÜR 4 PERSONEN

- 300 g Cocktailtomaten
- 1 Zwiebel
- 3 Knoblauchzehen
- 300 g Geflügelwürstchen
- 1 Bund Basilikum
- 400 g Spaghetti
- 3 EL Olivenöl
- Salz, Pfeffer aus der Mühle
- 20 g Parmesan (am Stück)

Zubereitung: 20 Min.

Vegetarier lassen die Würstchen einfach weg!

1. Die Tomaten waschen, halbieren oder vierteln. Zwiebel und Knoblauch schälen und in feine Würfel schneiden. Die Geflügelwürstchen in dünne Scheiben schneiden. Das Basilikum waschen, trocken schütteln, Blätter abzupfen und in Streifen schneiden.

2. Die Spaghetti mit Tomaten, Zwiebel, Knoblauch und Würstchen in einen Topf füllen, das Basilikum und das Öl dazugeben. 1 l Wasser hinzufügen, alles aufkochen und bei mittlerer Hitze 8 bis 10 Minuten köcheln lassen (die Garzeit hängt von der Dicke der Nudeln ab, eventuell etwas Wasser nachgießen). Dabei öfter umrühren, damit die Zutaten nicht am Topfboden kleben bleiben oder anbrennen.

3. Zum Servieren die Pasta mit Salz und Pfeffer würzen und auf tiefen Tellern anrichten. Den Parmesan darüberreiben.

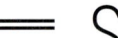 **LOW-CARB-VARIANTE**

In den Pot darf alles, was in etwa dieselbe Garzeit wie die Nudeln hat oder eine entsprechende Garzeit verträgt. Ihr könnt also richtig kreativ werden! Wer Kohlenhydrate und Kalorien einsparen möchte, kann die One Pot Pasta statt mit Nudeln aus Hartweizen auch mit selbst geschnittenen Zucchini- oder anderen Gemüsenudeln zubereiten.

PENNE MIT FRISCHKÄSESAUCE UND LACHSSTREIFEN

Eine cremige Käsesauce mit geräuchertem Lachs — superlecker, schnell gemacht und auch perfekt, um bei Gästen mächtig Eindruck zu machen!

FÜR 2 PERSONEN

- 200 g Vollkornpenne
- Salz
- 250 g braune Champignons
- 2 Knoblauchzehen
- 2 EL Olivenöl
- 150 ml Gemüsebrühe
- 200 g Kräuterfrischkäse
- 4—6 Basilikumblätter
- 200 g Räucherlachs
- Pfeffer aus der Mühle

Zubereitung: 30 Min.

1 Schuss Weißwein passt auch sehr gut in die Sauce.

1. Die Nudeln in reichlich kochendem Salzwasser nach Packungsanweisung bissfest garen. In ein Sieb abgießen und abtropfen lassen, sofort weiterverarbeiten.

2. Während die Nudeln kochen, die Champignons putzen, falls nötig, mit Küchenpapier trocken abreiben und in Scheiben schneiden. Die Knoblauchzehen schälen und in feine Würfel schneiden.

3. Das Öl in einer großen Pfanne erhitzen, Champignons und Knoblauch darin etwa 3 Minuten anbraten. Mit 150 ml Wasser und Brühe ablöschen und den Kräuterfrischkäse unterrühren. Die Sauce bei schwacher Hitze etwa 10 Minuten köcheln lassen.

4. Das Basilikum waschen und trocken tupfen. Den Räucherlachs in Streifen schneiden und 3 Minuten vor Garzeitende zur Sauce geben. Die Nudeln unter die Pilz-Lachs-Pfanne mischen, mit Salz und Pfeffer würzen und mit den Basilikumblättern garniert servieren.

☞ VOLLES KORN FÜR VIELE NÄHRSTOFFE ☜

Wie der Name vermuten lässt, werden Vollkornnudeln anders als herkömmliche Nudeln nicht aus Weißmehl, sondern aus Vollkornmehl hergestellt. All die wertvollen Ballast- und Nährstoffe, die in den Randschichten des Korns stecken, bleiben dabei erhalten. Das ist auch der Grund, warum Vollkornnudeln viel länger satt machen als Weißmehlnudeln.

GEMÜSELASAGNE AL FORNO

Manchmal muss es einfach Lasagne sein! Echtes Soulfood, das sich gut vorbereiten lässt und sich dann im Ofen ganz von allein macht! Hier mal ohne Fleisch, dafür aber mit viel Geschmack und gesundem Gemüse. Che delizioso!

FÜR 4 PERSONEN

- 2 rote Zwiebeln
- 1 gelbe Paprikaschote
- 1 Bund Suppengemüse (Möhre, Knollensellerie, Lauch, Petersilie)
- ½ Bund Basilikum
- 2 Knoblauchzehen
- 2 EL Olivenöl
- 50 g Tomatenmark
- 1 Dose stückige Tomaten (425 ml)
- Salz, Pfeffer aus der Mühle
- 3 EL Butter
- 4 EL Mehl
- 400 ml Gemüsebrühe
- 400 ml fettarme Milch
- frisch geriebene Muskatnuss
- 400 g Lasagneblätter (ohne Vorkochen)
- 200 g Gratinkäse light

Zubereitung: 30 Min.
Garen: 30 Min.

1. Die Zwiebeln schälen und in feine Würfel schneiden. Die Paprikaschote längs halbieren, entkernen, waschen und in kleine Würfel schneiden. Das Suppengemüse putzen, waschen bzw. schälen und klein würfeln, den Lauch in dünne Ringe schneiden. Die Petersilie aus dem Suppengemüsebund und das Basilikum waschen und trocken schütteln, die Blätter abzupfen und fein hacken. Den Knoblauch schälen und fein würfeln.

2. Das Öl in einer Pfanne erhitzen, Zwiebeln, Gemüse und Knoblauch darin bei mittlerer Hitze etwa 5 Minuten anbraten. Tomatenmark unterrühren, die stückigen Tomaten dazugeben. Die Dose zur Hälfte mit Wasser ausschwenken, das Wasser zum Gemüse geben. Alles bei mittlerer Hitze noch 10 Minuten köcheln lassen. Vom Herd nehmen und die Kräuter untermischen. Mit Salz und Pfeffer würzen.

3. Währenddessen die Butter in einem kleinen Topf bei mittlerer Hitze zerlassen. Die Hitze reduzieren und das Mehl mit dem Schneebesen vorsichtig unterrühren. Sobald sich Butter und Mehl verbunden haben, abwechselnd nach und nach Brühe und Milch unterrühren. Die Béchamelsauce aufkochen, dann bei mittlerer Hitze etwa 3 Minuten köcheln lassen. Mit Salz, Pfeffer und Muskatnuss würzen.

4. Den Backofen auf 200 °C (Umluft) vorheizen. 4 EL Tomatensauce in einer hohen, rechteckigen Auflaufform verstreichen und eine Schicht Lasagneblätter darüber verteilen. Ein Drittel der Tomatensauce daraufgeben, mit 4 EL Béchamelsauce und Lasagneblättern belegen. Auf diese Weise weiterschichten, bis alle Lasagneblätter aufgebraucht sind. Die restliche Béchamelsauce obenauf verteilen und die Lasagne mit dem Käse bestreuen. Im Ofen auf der mittleren Schiene etwa 30 Minuten backen. Die Lasagne aus dem Ofen nehmen und sofort servieren.

NUDEL-BROKKOLI-GRATIN

Brokkoli ist der engste Verwandte des Blumenkohls und reich an Vitaminen und Mineralstoffen. Mit Nudeln und einer leichten Kräuterfrischkäsesauce hat er hier zwei ideale Partner gefunden. Ein echtes Quick-and-easy-Rezept!

FÜR 4 PERSONEN
- 500 g Brokkoli
- Salz
- 400 g Nudeln
  (z. B. Fussili oder Penne)
- 5 Scheiben Kochschinken
- 80 g Sahne
- 150 g Kräuterfrischkäse
- Pfeffer aus der Mühle
- 4 EL gemischte Kräuter
  (z. B. Petersilie und
  Schnittlauch)
- 100 g Gratinkäse light

Zubereitung: 30 Min.
Backen: 20 Min.

Am besten Vollfettstufe – wer es kalorienärmer mag, nimmt den fettarmen.

1. Den Brokkoli putzen, waschen und in Röschen teilen. Die Röschen in einem Topf in kochendem Salzwasser etwa 5 bis 6 Minuten garen, aus dem Wasser heben und abtropfen lassen, dabei das Kochwasser aufheben. Die Nudeln im kochenden Brokkolikochwasser nach Packungsanweisung bissfest garen. In ein Sieb abgießen und gut abtropfen lassen, sofort weiterverarbeiten.

2. Während die Nudeln kochen, den Schinken in Streifen schneiden. Sahne und Frischkäse in einem kleinen Topf mit 50 ml Wasser cremig verrühren und aufkochen. Den Schinken dazugeben und unterrühren, die Sauce mit Salz und Pfeffer würzen und beiseitestellen.

3. Den Backofen auf 180 °C (Umluft) vorheizen. Die Nudeln mit dem Brokkoli in eine Auflaufform füllen. Die Schinkensauce darübergießen und alles mit den Kräutern und dem Gratinkäse bestreuen. Den Auflauf im Ofen auf der mittleren Schiene etwa 20 Minuten backen, bis der Käse goldbraun ist. Herausnehmen und vor dem Servieren kurz abkühlen lassen.

☞ KLUGE RESTEVERWERTUNG ☜

Dieser Auflauf eignet sich perfekt zur Resteverwertung! Wenn ihr Gemüse vom Vortag übrig habt, könnt ihr es prima statt des Brokkolis unter die Nudeln mischen. Und anstelle des Kochschinkens kann man übrig gebliebenen kalten Braten oder die vorgegarte Hähnchenbrust vom Sonntagslunch aufschneiden.

TAGLIATELLE MIT HÄHNCHEN-GORGONZOLA-SAUCE

Diese würzige Sahnesauce finde ich zum Dahinschmelzen lecker. Besonders aromatisch sind die Salbeiblätter übrigens, wenn ihr sie nicht in der Sauce mitkocht, sondern in etwas Olivenöl knusprig frittiert.

FÜR 2 PERSONEN

- 200 g Tagliatelle
- Salz
- 250 g Hähnchenbrustfilet
- 8 Salbeiblätter
- 170 g Gorgonzola (siehe Tipp)
- 2 EL Olivenöl
- 1 TL Chiliflocken
- Pfeffer aus der Mühle
- 150 g fettarme Sahne

Zubereitung: 30 Min.

Wie gesagt: Es gibt viele Varianten – findet euren Favoriten heraus!

1. Die Nudeln in reichlich kochendem Salzwasser nach Packungsanweisung bissfest garen. In ein Sieb abgießen, abtropfen lassen und warm halten.

2. Während die Nudeln kochen, die Hähnchenbrustfilets waschen, trocken tupfen und in Streifen schneiden. Die Salbeiblätter waschen, trocken tupfen und ebenfalls in feine Streifen schneiden. Den Gorgonzola in kleine Stücke zupfen.

3. Das Öl in einer Pfanne erhitzen und die Hähnchenstreifen darin scharf anbraten, mit Chiliflocken, Salz und Pfeffer würzen. Salbei, Gorgonzola und Sahne dazugeben und alles bei schwacher Hitze etwa 10 Minuten köcheln lassen. Dabei ab und zu umrühren, damit sich der Gorgonzola vollständig auflöst.

4. Zum Servieren die Tagliatelle mit der Hähnchensauce mischen. Auf Pasta-Tellern anrichten, mit Salz und Pfeffer würzen und nach Belieben mit Chiliflocken oder -würfeln bestreuen.

♡

☞ EDLER SCHIMMEL ☜

Es gibt unterschiedliche Gorgonzola-Arten, von sahnig-mild mit streichfähiger Konsistenz über würzig-pikant bis hin zu vollmundig-sahnig. Ich verwende am liebsten Gorgonzola dolce, den sahnig-milden.

BRAT! MICH! AN!

Mit buntem Gemüse ge-
füllte Blätterteigtaschen
gehören zu meinen Lieb-
lingsrezepten, die einfach
immer schmecken.

BLÄTTERTEIG-GEMÜSETASCHEN

Diese Taschen lassen sich je nach Saison auch mit anderen Gemüsesorten füllen. Wer möchte, kann zusätzlich Kochschinkenwürfel zur Füllung geben.

FÜR 8 STÜCK

- ½ orangefarbene Paprikaschote
- 1 Zucchini
- 2 Möhren
- 150 g braune Champignons
- 3 Frühlingszwiebeln
- Butter zum Anbraten
- 100 g Kräuterfrischkäse
- Salz, Pfeffer aus der Mühle
- 50 g Gratinkäse light
- 1 Pck. frischer Blätterteig (275 g)
- 1 Eigelb zum Bestreichen

Zubereitung: 25 Min.
Backen: 25—30 Min.

Die Rolle aus dem Kühlregal – einfach superpraktisch!

1. Die Paprika entkernen und waschen. Die Zucchini waschen, die Möhren schälen. Das geputzte Gemüse in kleine Würfel schneiden. Die Pilze putzen und, falls nötig, trocken abreiben. Die Frühlingszwiebeln putzen, waschen und in dünne Ringe schneiden.

2. Etwas Butter in einer beschichteten Pfanne zerlassen, Gemüse und Pilze darin bei starker Hitze scharf anbraten. Den Frischkäse und die Frühlingszwiebeln dazugeben, mit Salz und Pfeffer würzen. Den Käse unterrühren, die Gemüsepfanne beiseitestellen und abkühlen lassen.

3. Den Backofen auf 200 °C (Umluft) vorheizen. Den Teig mit dem Backpapier ausrollen, in 8 Quadrate schneiden und mit dem verquirlten Eigelb bestreichen. Jeweils etwas Gemüsemischung in die Mitte der Teigquadrate setzen und die Ecken der Quadrate nach innen klappen (die neu entstandenen Ecken eventuell nochmals in die Mitte falten). Die Ränder fest andrücken und ebenfalls mit verquirltem Eigelb bestreichen.

4. Die Blätterteigtaschen nebeneinander auf das Backblech setzen und im Ofen auf der mittleren Schiene 25 bis 30 Minuten goldbraun backen. Nach Belieben mit Schnittlauchröllchen bestreut servieren.

MUFFINS STATT TASCHEN

Aus den Zutaten könnt ihr auch Blätterteig-Gemüsemuffins zubereiten. Für 12 Stück braucht ihr zusätzlich 1 Muffinblech und 50 g mehr Gratinkäse. Die Zutaten wie oben beschrieben vorbereiten, mit den Blätterteigquadraten die Mulden des Muffinblechs auskleiden. Jeweils etwas Füllung hineingeben und mit dem zusätzlichen Gratinkäse bestreuen. Ab in den heißen Ofen: Nach etwa 20 Minuten sind die Muffins fertig!

GEFÜLLTE SPINATROLLE MIT RÄUCHERLACHS

Die Spinatrolle schmeckt übrigens auch in der vegetarischen Variante hervorragend! Einfach den Lachs durch Schafskäse ersetzen und die Spinatrolle zusätzlich mit Pinienkernen füllen. Ein Veggie-Genuss vom Feinsten!

FÜR 1 ROLLE

- 500 g Blattspinat
- 4 Eier
- 100 g geriebener Parmesan
- Salz
- Pfeffer aus der Mühle
- frisch geriebene Muskatnuss
- 200 g Kräuterfrischkäse
- 250 g Räucherlachs
- 2 EL gehackter Dill

Zubereitung: 30 Min.
Garen: 15 Min.
Kühlen: 2 Std.

1. Den Backofen auf 200 °C (Umluft) vorheizen. Ein Backblech mit Backpapier belegen. Den Spinat waschen, trocken schleudern und fein hacken. Die Eier trennen, die Eigelbe mit Spinat und Parmesan verrühren und mit Salz, Pfeffer und Muskatnuss würzen.

2. Die Eiweiße mit den Quirlen des Handrührgeräts steif schlagen und vorsichtig unter die Eigelb-Spinat-Masse heben. Die Masse gleichmäßig dünn auf dem Backblech verstreichen und im Ofen auf der mittleren Schiene etwa 15 Minuten garen. Herausnehmen und abkühlen lassen.

3. Den abgekühlten Spinatteig umdrehen, das Backpapier vorsichtig abziehen und die Teigplatte auf einen Streifen Frischhaltefolie legen. Den Teig mit dem Frischkäse bestreichen, mit dem Räucherlachs belegen und mit den Dillspitzen bestreuen. Den Teig samt Füllung mithilfe der Folie fest aufrollen und die seitlichen Enden fest zusammendrehen.

4. Die Spinatrolle im Kühlschrank etwa 2 Stunden ruhen lassen. Zum Servieren die Rolle in 1 bis 2 cm dicke Scheiben schneiden.

☞ STETS GRIFFBEREIT ☜

Ihr bekommt keinen frischen Spinat? Kein Problem! Die Rolle funktioniert auch mit tiefgekühltem Blattspinat. Diesen rechtzeitig auftauen lassen und das überflüssige Wasser gut ausdrücken. Anschließend den Spinat pürieren oder im Mixer zerkleinern.

ZUCCHINI-MÖHREN-RÖSTI MIT TZAZIKI

Ein Gericht für absolute Knoblauch-Fans! Die Zucchini-Möhren-Rösti schmecken am besten, wenn man sie gleich frisch aus der Pfanne serviert.

FÜR 2 PERSONEN

- 1 Salatgurke
- Salz
- 500 g Naturjoghurt
- 2 Knoblauchzehen
- 2 Zucchini
- 5 Möhren
- 1 Zwiebel
- 2 Eier
- 4 EL Dinkelmehl
- Pfeffer aus der Mühle
- Öl zum Braten

Zubereitung: 30 Min.
Garen: 20 Min.

Wer es schön cremig mag, nimmt griechischen Joghurt.

1. Für die Rösti die Zucchini und die Möhren putzen, waschen bzw. schälen und auf der Gemüsereibe grob raspeln. Mit etwas Salz bestreuen und in einem Sieb über einer Schüssel 15 Minuten durchziehen lassen, um dem Gemüse das Wasser zu entziehen.

2. Inzwischen für den Tzaziki die Salatgurke schälen und auf der Gemüsereibe grob raspeln. Die Gurkenraspel in einem Sieb mit etwas Salz bestreuen und ebenfalls über eine Schüssel hängen, damit der Gurkensaft abtropfen kann. Den Joghurt in eine zweite Schüssel geben. Die Knoblauchzehen schälen und dazupressen. Die Gurkenraspel leicht ausdrücken und unter den Joghurt rühren. Den Tzaziki durchziehen lassen und kurz vor dem Servieren mit Salz würzen.

3. Die Zwiebel schälen und in feine Würfel schneiden. Die Zucchini- und Möhrenraspel gut ausdrücken. Mit den Zwiebelwürfeln in einer Schüssel mischen. Die Eier und das Mehl unterrühren und alles mit Salz und Pfeffer würzen.

4. Etwas Öl in einer Pfanne erhitzen. Aus der Zucchini-Möhren-Masse mit einem Esslöffel kleine Portionen abnehmen, in der Pfanne zu Puffern ausstreichen und bei mittlerer bis starker Hitze von beiden Seiten goldbraun braten. Herausnehmen, auf Küchenpapier abtropfen lassen und warm halten, bis der gesamte Teig verbraucht ist. Die Rösti mit dem Tzaziki servieren.

ORANGEN-SÜSSKARTOFFELSUPPE

Fruchtig-süß und angenehm scharf zugleich: Die Kombination aus Orangen, Süßkartoffeln und Ingwer harmoniert perfekt. Der Knusper-Clou dazu sind kross gebratene Vollkorncroûtons. Mmh, lecker!

FÜR 2 PERSONEN

- 1 Schalotte
- 1 kleines Stück Ingwer
- 350 g Süßkartoffeln
- 2 EL Olivenöl
- ½ l Gemüsebrühe
- 100 ml trockener Weißwein
- 2 Bio-Orangen
- 100 g Sahne
- 2 EL Butter
- 4 Scheiben Vollkornbrot
- Salz, Pfeffer aus der Mühle

Zubereitung: 30 Min.

Ich nehme gerne Pinot Grigio oder Grünen Veltliner.

1. Schalotte und Ingwer schälen und in feine Würfel schneiden. Die Süßkartoffeln waschen, schälen und in dünne Scheiben schneiden. Das Öl in einem Topf erhitzen und Schalotte, Ingwer und Süßkartoffeln darin andünsten. Mit Brühe und Wein ablöschen und bei mittlerer Hitze etwa 15 Minuten köcheln lassen.

2. Die Orangen so großzügig schälen, dass auch die weiße Haut mit entfernt wird. Die Filets zwischen den einzelnen Trennhäuten herausschneiden (den austretenden Saft auffangen und den Rest der Orangen gut ausdrücken). Den Orangensaft und die Sahne zur Suppe geben und alles noch etwa 5 Minuten köcheln lassen.

3. Inzwischen die Butter in einer Pfanne zerlassen. Die Brotscheiben in Würfel schneiden und bei mittlerer Hitze in der Butter goldbraun anrösten. Die Suppe mit Salz und Pfeffer würzen und mit dem Stabmixer fein pürieren. Zum Servieren die Orangenfilets auf tiefe Teller verteilen, die Suppe darübergeben und mit den Brotcroûtons als Topping garnieren.

☞ POWERKNOLLE ☜

Süßkartoffel und Kartoffel kommen beide aus der Erde und man bereitet sie ganz ähnlich zu. Viel mehr hat die Süßkartoffel aber mit der heimischen Kartoffel nicht mehr gemeinsam. Sie ist eine echte Powerknolle, weil sie im direkten Vergleich ein Vielfaches an Nähr- und Vitalstoffen besitzt. Sie ist zwar ebenfalls kohlenhydratreich, aber ihre Stärke ist komplexer und wirkt sich positiver auf den Blutzuckerspiegel aus.

FOCACCIA MIT OLIVEN

Die Focaccia ist ein Hefeteig-Fladenbrot, das ursprünglich aus Ligurien stammt. Anstelle der klassischen italienischen Variante mit Weizenmehl backe ich meine Focaccia gerne mit vitalstoffreicherem Dinkelmehl.

FÜR 1 FLADEN

- 500 g Dinkelmehl
  + etwas Mehl zum Arbeiten
- 2 TL Salz
- 1 Würfel Hefe (42 g)
- 100 ml Olivenöl
- 120 g getrocknete, in Öl eingelegte Tomaten
- 100 g schwarze Oliven (ohne Stein)
- grobes Meersalz
- 4 TL getr. Oregano

Zubereitung: 20 Min.
Gehen: 1 Std.
Backen: 20—25 Min.

Besonders gut schmecken griechische Kalamata-Oliven.

1. Mehl und Salz in einer Schüssel mischen. Die Hefe in ¼ l lauwarmem Wasser unter Rühren auflösen, mit 70 ml Öl mischen und zur Mehlmischung gießen. Alles mit den Knethaken des Handrührgeräts oder in der Küchenmaschine zu einem glatten Teig verkneten. Den Teig zugedeckt an einem warmen Ort 1 Stunde gehen lassen.

2. Den Backofen auf 200 °C vorheizen. Ein Backblech mit Backpapier belegen. Die Tomaten abtropfen lassen und in feine Streifen schneiden. Die Oliven nach Belieben halbieren. Den Hefeteig auf der bemehlten Arbeitsfläche mit den Händen durchkneten, die Tomaten und die Oliven unterkneten. Den Teig auf dem Blech mit einem leicht bemehlten Nudelholz zu einem großen, ovalen Fladen ausrollen. Übrigens: Noch fluffiger und luftiger wird die Focaccia, wenn man den Teig jetzt weitere 15 Minuten gehen lässt!

3. Mit den Fingern kleine Vertiefungen in den Fladen drücken, mit Salz und Oregano bestreuen, mit dem restlichen Öl bestreichen und im Ofen auf der mittleren Schiene 20 bis 25 Minuten backen. Herausnehmen, abkühlen lassen und in Stücke geschnitten servieren. Dazu passen gefüllte Spitzpaprika (siehe Tipp).

♡

 **GEFÜLLTE SPITZPAPRIKA**

Für 3 Personen den Backofen auf 200 °C (Umluft) vorheizen. 6 Spitzpaprikaschoten längs halbieren, entkernen, waschen und in eine Auflaufform setzen. 1 Frühlingszwiebel waschen und in dünne Ringe schneiden. 200 g Feta, 3 EL gehackte Kräuter und die Zwiebelringe mischen. Die Schoten damit füllen. Mit 4 EL Knoblauchöl beträufeln, mit 70 g geriebenem Gouda bestreuen. Auf der mittleren Schiene 35 bis 40 Minuten garen.

BUNT GEFÜLLTE EIERMUFFINS

Herzhaft mit Wurst oder vegetarisch mit Gemüse: Dieses Rezept ist die perfekte Resteverwertung. Und der ideale Partysnack sind die Muffins außerdem!

FÜR 12 MUFFINS

- 10 Eier
- 100 ml fettarme Milch
- Salz, Pfeffer aus der Mühle
- frisch geriebene Muskatnuss
- 3 EL Schnittlauchröllchen
- 4 Handvoll Gemüse nach Wahl (z. B. Tomaten, Spinat, Zwiebelringe, Champignons, Mais aus der Dose, Paprikaschoten, Zucchini; siehe Tipp)
- 100 g Kochschinken, Räucherschinken oder Fleischwurst
- 100 g Käse (z. B. Mozzarella, Gouda oder Schafskäse)
- Fett für das Muffinblech

Zubereitung: 20 Min.
Backen: 30—35 Min.

1. Die Eier in eine Rührschüssel aufschlagen, die Milch dazugeben und beides mit den Quirlen des Handrührgeräts verquirlen. Die Eiermasse mit Salz, Pfeffer und Muskatnuss würzen. Die Schnittlauchröllchen unterheben.

2. Den Backofen auf 180 °C (Umluft) vorheizen. Für die Füllung das Gemüse nach Wahl je nach Sorte putzen, waschen, schälen oder abtropfen lassen, bei Bedarf entkernen und in kleine Stücke schneiden. Nach Belieben Schinken oder Wurst in Würfel schneiden. Den Käse reiben oder ebenfalls würfeln.

3. Die Mulden des Muffinblechs leicht fetten (oder alternativ mit Papierförmchen bzw. etwas Backpapier auslegen). Die Gemüsewürfel mit der Schinken oder Wurst und dem Käse auf die Mulden verteilen und vorsichtig mit der Eiermasse begießen. Die Eiermuffins im Ofen auf der mittleren Schiene 30 bis 35 Minuten backen, bis die Eiermasse gestockt und die Oberfläche leicht gebräunt ist.

4. Die Muffins aus dem Ofen nehmen, abkühlen lassen und aus der Form heben. Entweder warm servieren oder vor dem Anrichten ganz auskühlen lassen — schmeckt beides!

☞ KOCHEN MIT GEFÜHL ☜

Weil ihr eure Füllung nach Herzenslust selbst zusammenstellen könnt,
ist es schwierig, eine konkrete Mengenangabe zu machen. Die Angabe „4 Handvoll"
kann daher nur eine Richtlinie sein, wie viel ihr ungefähr braucht.
Die Menge ist natürlich auch abhängig davon, wie groß ihr die Stücke schneidet …
Hier ist ein wenig Fingerspitzengefühl gefragt!

SPINATRISOTTO MIT GRILLKÄSE

Grillkäse ist eine tolle vegetarische Alternative zu Fleisch und Fisch. Dieses Rezept ist all jenen gewidmet, die den Käse nicht nur im Sommer vom Rost, sondern das ganze Jahr über genießen möchten!

FÜR 4 PERSONEN

- ½ Zwiebel
- 2 EL Butter
- 250 g Risottoreis
- 1 l heiße Gemüsebrühe
- 200 g Grillkäse
- 250 g Blattspinat
- 3 Zweige Thymian
- Pfeffer aus der Mühle
- 50 g geriebener Grana Padano

Zubereitung: 30 Min.

Zum Beispiel Feta oder Halloumi

1. Die Zwiebel schälen und in feine Würfel schneiden. 1 EL Butter in einem Topf zerlassen und die Zwiebelwürfel darin mit dem Reis bei mittlerer Hitze unter Rühren etwa 2 Minuten andünsten. Mit so viel heißer Brühe ablöschen, dass der Reis gut bedeckt ist, und unter häufigem Rühren einköcheln lassen.

2. Den Risotto bei mittlerer Hitze etwa 20 Minuten garen. Dabei immer wieder heiße Brühe angießen und einköcheln lassen, dabei den Reis öfter umrühren. Der Reis sollte bissfest, aber cremig sein.

3. Inzwischen den Grillkäse in grobe Würfel schneiden. Den Spinat waschen, trocken schleudern und klein schneiden. Den Thymian waschen und trocken schleudern, die Blättchen abzupfen und fein hacken. Die übrige Butter in einer beschichteten Pfanne zerlassen und den Grillkäse darin goldbraun anbraten.

4. Spinat und Thymian unter den Risotto rühren, noch etwa 3 Minuten mitköcheln lassen und mit Pfeffer würzen. Den Grana Padano über den Risotto reiben und gut verrühren. Den Risotto in tiefen Tellern anrichten und die gebratenen Käsewürfel darüber verteilen.

☞ GRÜNE POWER ☜

In grünem Blattgemüse wie Spinat steckt so viel Power für unseren Körper, dass wir es ruhig häufiger essen sollten. Ihr könnt diesen Risotto statt mit Spinat auch mit Mangold oder seinem asiatischen Verwandten Pak Choi zubereiten. Die Stiele schneidet ihr klein und gebt sie 2 Minuten vor den Blättern dazu.

MEIN FAVORIT:
♡ ZUCCHINI ♡

Wusstet ihr, dass die Zucchini aus der Familie der Kürbisgewächse stammt? Ob gelb oder grün, kugelig oder lang gestreckt, sie wächst das ganze Jahr über in Spanien, Frankreich oder auch Italien.

Im Sommer könnt ihr sie auch im eigenen Garten oder sogar auf dem Balkon züchten.

Zucchini sind leicht nussig und mild im Geschmack. Sie sind relativ kalorienarm, enthalten aber wertvolle Mineralstoffe und Vitamine, vor allem Vitamin C.

Beim Einkauf solltet ihr darauf achten, dass die Zucchini eine makellose Schale haben.

ZUCCHINISCHIFFCHEN

Fettreduziertes Hackfleisch am besten direkt beim Metzger kaufen

Für 2 Personen **2 große Zucchini** waschen und längs halbieren. Das Fruchtfleisch bis auf einen etwa 1 cm breiten Rand herauskratzen. **1 Zwiebel** schälen und ebenso wie das Zucchinifleisch fein würfeln. **2 EL Olivenöl** in einer Pfanne erhitzen, Zucchinifleisch und Zwiebel darin andünsten. **1 große Dose stückige Tomaten (850 ml)** und **1 TL getr. Oregano** dazugeben. Mit **Salz** und **Pfeffer aus der Mühle** würzen. Die Masse 10 Minuten köcheln lassen. Den Backofen auf 200 °C (Umluft)

vorheizen. **1 kleine Dose Mais (212 ml)** abtropfen lassen. **250 g fettreduziertes Hackfleisch** mit **1 Ei, 3 EL gehackter Petersilie** und dem Mais mischen, salzen und pfeffern. Die Zucchinischiffchen mit der Hackmasse füllen. Die Tomatensauce in einer Auflaufform verteilen, die Zucchini daraufsetzen. Mit **50 g Gratinkäse light** bestreuen und im Ofen auf der mittleren Schiene 30 Minuten garen.

Zubereitung: 20 Min.   Garen: 30 Min.

GEFÜLLTE ZUCCHINIPÄCKCHEN

Ihr könnt die Päckchen statt im Ofen auch in der Pfanne zubereiten!

Für 4–6 Päckchen den Backofen auf 180 °C (Umluft) vorheizen. **2 möglichst gerade Zucchini** putzen, waschen und der Länge nach in dünne Scheiben schneiden. **2 EL Olivenöl** in einer beschichteten Pfanne erhitzen, die Zucchinistreifen darin von beiden Seiten anbraten. Auf Küchenpapier abtropfen lassen, mit **Salz** und **Pfeffer aus der Mühle** würzen. Je 2 Zucchinischeiben über Kreuz legen. **200 g Schafskäse (Feta)** trocken tupfen und in so große Stücke schneiden, dass sie gut auf die Mitte der Streifen passen. Je 1 Käsewürfel mittig auf die gekreuzten Zucchini legen, die Streifen darüber zusammenfalten. Die Päckchen in eine Auflaufform legen, mit Olivenöl beträufeln und im Ofen 15 Minuten garen.

Zubereitung: 20 Min.   Garen: 15 Min.

Die Zucchinispaghetti nur kurz braten, sonst werden sie zu weich.

ZUCCHINISPAGHETTI MIT GARNELEN

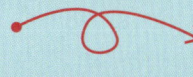

Für 2 Personen **3 Zucchini** waschen und mit einem Spiralschneider in lange Fäden schneiden. **250 g küchenfertige Riesengarnelen** waschen und trocken tupfen. **2 Knoblauchzehen** schälen und in dünne Scheiben schneiden. **½ Zitrone** auspressen und die Garnelen mit dem Saft beträufeln. In einer beschichteten Pfanne **2 EL Olivenöl** erhitzen und die Garnelen darin von jeder Seite

2 Minuten anbraten. Herausnehmen und warm halten. Die Pfanne wieder erhitzen, Knoblauchscheiben und Zucchinispaghetti darin 2 bis 3 Minuten schwenken. **3 EL Crème légère** unterheben. Alles mit **Salz** und **Pfeffer aus der Mühle** abschmecken. Die Zucchinispaghetti mit den Garnelen anrichten.

Zubereitung: 30 Min.

LACHS IM PÄCKCHEN

Lachs, Bohnen und Nektarine, diese Kombi erscheint manchem von euch
sicherlich ungewöhnlich. Wer kein Obst in herzhaften Gerichten mag, kann
mit den Lachspäckchen ein paar Cocktailtomaten im Ofen mitgaren.

FÜR 4 PERSONEN

- 600 g Prinzessbohnen
- Salz
- 100 g getrocknete, in Öl
  eingelegte Tomaten
- 50 g schwarze Oliven
  (ohne Stein)
- ½ Bund Petersilie
- 8 EL Olivenöl
- 4 EL Rotweinessig
- 1 Knoblauchzehe
- Pfeffer aus der Mühle
- 1 Nektarine
- ½ Bund Dill
- 4 Lachsfilets
  (à 150—175 g)

Zubereitung: 40 Min.
Ziehen: 1 Std.
Garen: 15 Min.

Dill ist das klassische
Kraut zu Fisch.

1. Die Bohnen putzen, waschen und in kochendem Salzwasser
5 bis 6 Minuten bissfest garen. In ein Sieb abgießen und gut abtropfen lassen. Die Tomaten abtropfen lassen und fein würfeln.
Die Oliven klein schneiden. Die Petersilie waschen und trocken
schütteln, die Blätter abzupfen und fein hacken.

2. Für das Dressing 4 EL Öl mit dem Essig verrühren. Den Knoblauch schälen und dazupressen. Das Dressing mit Salz und Pfeffer
würzen und mit Bohnen, Tomaten, Oliven und Petersilie mischen.
Den Salat im Kühlschrank etwa 1 Stunde durchziehen lassen.

3. Währenddessen den Backofen auf 180 ˚C (Umluft) vorheizen.
4 Bögen Backpapier auf die Arbeitsfläche legen. Die Nektarine
waschen und halbieren, den Stein entfernen und das Fruchtfleisch
in feine Würfel schneiden. Den Dill waschen und trocken schütteln,
die Spitzen abzupfen und fein hacken. Die Lachsfilets waschen,
trocken tupfen, auf Gräten prüfen und jeweils in die Mitte eines
Backpapierbogens legen. Mit je 1 EL Öl bestreichen, mit Nektarinen-
würfeln und Dill bedecken, salzen und pfeffern.

4. Die Seiten des Backpapiers über dem Inhalt zusammenfassen
und mit Küchengarn fest zusammenbinden (man kann die Papier-
päckchen notfalls auch mit einem Bürotacker verschließen). Die
Päckchen auf ein Backblech setzen und im Ofen auf der mittleren
Schiene etwa 15 Minuten garen. Den Bohnensalat auf Tellern anrichten. Die Lachspäckchen aus dem Ofen nehmen und den Fisch auf
dem Bohnensalat anrichten.

ÜBERBACKENES PESTOHÄHNCHEN

Würzige Hähnchenbrust aus dem Ofen serviere ich am liebsten mit Fächerkartoffeln — dank Kräuterbutter und kräftigem Hartkäse eine absolut leckere Beilage. Wenn ihr das Fleisch im Ofen mit Alufolie abdeckt, bleibt es schön saftig und trocknet nicht aus.

FÜR 4 PERSONEN

- 8 große festkochende Kartoffeln
- 100 g Kräuterbutter
- 50 g Grana Padano (in dünnen Scheiben)
- Salz, Pfeffer aus der Mühle
- 4 Hähnchenbrustfilets (à ca. 150 g)
- 4—6 EL Pesto verde
- 2 kleine Tomaten
- 200 g Mozzarella light

Zubereitung: 25 Min.
Garen: 35—40 Min.

Am besten selbst gemacht,
Rezept siehe S. 58.

1. Den Backofen auf 180 °C (Umluft) vorheizen. Die Kartoffeln mit der Schale gründlich waschen, trocken tupfen und in 2 mm breiten Abständen ein-, aber nicht durchschneiden — die Scheiben sollen am „Boden" der Kartoffeln noch zusammenhängen (siehe Tipp). Die Kräuterbutter und den Grana Padano abwechselnd in den Spalten verteilen, die Kartoffeln mit Salz und Pfeffer würzen und in eine Auflaufform setzen.

2. Die Hähnchenbrustfilets waschen, trocken tupfen, von Fett und Sehnen befreien und nebeneinander in eine zweite Auflaufform legen. Die Filets mit einem scharfen Messer in gleichmäßigen Abständen quer einschneiden und rundum mit dem Pesto bestreichen. Die Tomaten waschen und in Scheiben schneiden, dabei die Stielansätze entfernen. Mozzarella abtropfen lassen und in Scheiben schneiden. Tomaten- und Mozzarellascheiben abwechselnd in die Hähnchenbrusteinschnitte stecken, das Fleisch mit Salz und Pfeffer würzen.

3. Die Fächerkartoffeln mit dem Pestohähnchen im Ofen auf der mittleren und unteren Schiene 35 bis 40 Minuten garen. Beides aus dem Ofen nehmen und sofort servieren.

☞ GEWUSST WIE ☜

Ein simpler, aber genialer Trick beim Fächerschneiden: Die Kartoffeln auf einen Esslöffel legen! Das Messer stoppt dann von allein am Löffelrand und man kann die Kartoffeln nicht aus Versehen ganz zerteilen.

HÄHNCHEN-THAICURRY MIT BASMATIREIS

Dieses asiatisch angehauchte Reisgericht zaubert definitiv Urlaubsfeeling auf den Teller! Die Kombination aus Kokosmilch und Currypaste harmoniert perfekt und passt super zu frischem Gemüse und Hähnchenfleisch.

FÜR 4 PERSONEN

- 250 g Basmatireis
- 1 TL Gemüsebrühe (gekörnte Brühe)
- Salz
- 200 g Zuckerschoten
- 1 Zucchini
- 1 gelbe Paprikaschote
- 1 kleines Stück Ingwer
- 400 g Hähnchenbrustfilet
- Öl zum Anbraten
- 1 Dose Kokosmilch (400 ml)
- 1 ½ TL rote Thaicurrypaste (siehe Tipp)
- 2 TL Currypulver
- 3 Frühlingszwiebeln
- 3 EL Schnittlauchröllchen

Zubereitung: 30—35 Min.

1. Den Reis in einem Topf nach Packungsanweisung bissfest garen, dabei die Brühe und Salz dazugeben.

2. Inzwischen die Zuckerschoten waschen. Die Zucchini putzen, waschen und in kleine Stücke schneiden. Die Paprika längs halbieren, entkernen, waschen und in Streifen schneiden. Den Ingwer schälen und in dünne Stifte schneiden.

3. Das Hähnchenfleisch waschen, trocken tupfen, von Fett und Sehnen befreien und in kleine Würfel schneiden. Etwas Öl in einer Pfanne erhitzen, das Gemüse und das Hähnchenfleisch darin scharf anbraten. Mit der Kokosmilch und 50 ml Wasser ablöschen, kurz aufkochen und mit der Currypaste sowie mit Currypulver würzen.

4. Gemüse und Hähnchenfleisch zugedeckt bei schwacher Hitze 10 bis 15 Minuten garen. Dabei die Sauce so lange einköcheln lassen, bis die gewünschte Sämigkeit erreicht ist. Inzwischen die Frühlingszwiebeln putzen, waschen und in dünne Ringe schneiden. Das Thaicurry zum Servieren mit Frühlingszwiebeln und Schnittlauch bestreuen und den Basmatireis dazu reichen.

☞ SOME LIKE IT HOT ☜

Wer es noch feuriger mag, verwendet am besten eine grüne Currypaste, denn die ist noch schärfer als die rote Variante.

HÄHNCHENROULADE MIT SPINATFÜLLUNG

FÜR 2 PERSONEN

- 150 g Vollkornreis
- Salz
- 2 Hähnchenbrustfilets (à ca. 150 g)
- Öl für die Folie und zum Braten
- 1 Bund Frühlingszwiebeln
- 150 g Blattspinat
- 4 EL Kräuterfrischkäse
- Pfeffer aus der Mühle
- 125 ml Weißwein
- 100 ml Gemüsebrühe
- 100 g Sahne

AUSSERDEM

- Rouladennadeln

Zubereitung: 40 Min.

1. Den Reis in einem Topf mit Salzwasser nach Packungsanweisung bissfest garen. Die Hähnchenbrustfilets waschen, trocken tupfen, von Fett und Sehnen befreien und mit einem scharfen Messer waagerecht halbieren, sodass dünne Schnitzel entstehen. Die Schnitzel je nach Dicke zwischen zwei Lagen geölter Frischhaltefolie mit der flachen Seite eines Fleischklopfers dünn klopfen.

2. Die Frühlingszwiebeln putzen, waschen und in dünne Ringe schneiden. Den Spinat waschen und in einem Topf mit kochendem Wasser kurz zusammenfallen lassen. Die Blätter in ein Sieb abgießen, abtropfen und abkühlen lassen. Den Spinat fein hacken und mit dem Frischkäse in einer Schüssel gut mischen. Die Hähnchenschnitzel mit der Füllung bestreichen, mit Salz und Pfeffer würzen, fest zu Rouladen aufrollen und mit Rouladennadeln oder kleinen Holzspießen fixieren.

3. Etwas Öl in einer Pfanne erhitzen und die Rouladen darin rundum braun anbraten. Wein, Brühe und Sahne dazugießen, alles aufkochen und bei mittlerer Hitze etwa 10 Minuten garen. Die Frühlingszwiebeln zur Sauce geben, alles mit Salz und Pfeffer würzen. Den Reis auf Teller verteilen, die Hähnchenrouladen mit der Sauce daraufgeben, nach Belieben mit Frühlingszwiebelringen garnieren.

☞ VOLLES KORN ☜

Vollkornreis, auch Naturreis oder brauner Reis genannt, enthält deutlich mehr Vitamine, Mineralien und Ballaststoffe als die weißen geschälten Körner. Brauner Reis wird von den Magenenzymen langsamer gespalten. Deshalb wird die enthaltene Stärke auch nicht so schnell in Zucker umgewandelt und der Blutzuckerspiegel steigt nur langsam.

Ciao, Hefeteig! Der Clou sind Pizzaböden aus Magerquark und Haferkleie.

BUNTE MINIPIZZEN

Wer möchte schon auf Pizza verzichten? Im Vergleich zur fettigen Tiefkühlpizza aus dem Supermarkt oder der Steinofenpizza im Restaurant ist diese Pizza aus Haferkleie und Magerquark richtig gesund. Ihr könnt sie also bedenkenlos genießen!

FÜR 8 MINI-PIZZEN
- 200 g Magerquark
- 2 Eier
- 1 Eiweiß
- 180 g Haferkleie
- Pizza-Gewürzmischung
- ½ gelbe Paprikaschote
- 2 Tomaten
- 1 Kugel Mozzarella (125 g)
- 150 ml passierte oder stückige Tomaten (aus der Dose)
- 2 EL Ketchup
- Salz
- Pfeffer aus der Mühle

Zubereitung: 35 Min.
Backen: 20—30 Min.

Am besten Light-Ketchup, mit wenig Zucker oder Stevia gesüßt

1. Den Backofen auf 180 °C (Umluft) vorheizen. Ein Backblech mit Backpapier belegen. Für die Pizzaböden Quark, Ei, Eiweiß und Haferkleie in einer Schüssel verrühren. Den Teig mit etwas Pizzagewürz abschmecken und auf dem Backblech zu 8 gleichmäßigen Kreisen ausstreichen. Die Böden im Ofen auf der mittleren Schiene 10 bis 12 Minuten backen, bis sie leicht fest sind und sich einfacher belegen lassen. Herausnehmen und beiseitestellen, den Backofen nicht ausschalten.

2. Während die Pizzaböden im Ofen sind, die Paprika entkernen, waschen und in Streifen schneiden. Die Tomaten waschen und in Scheiben schneiden, dabei die Stielansätze entfernen. Den Mozzarella trocken tupfen und in dünne Scheiben schneiden. Die passierten oder stückigen Tomaten mit dem Ketchup mischen, die Tomatensauce mit Pizzagewürz, Salz und Pfeffer würzen.

3. Die Tomatensauce auf den vorgebackenen Pizzakreisen verstreichen und mit dem Gemüse belegen. Zuletzt den Mozzarella darauf verteilen und die Pizzen im Ofen 10 bis 15 Minuten fertig backen, bis der Käse und die Pizzaränder goldbraun sind. Herausnehmen und sofort mit einem Schieber vom Backpapier lösen. Vor dem Servieren kurz abkühlen lassen.

♡

 SUPERVARIABEL

Die Pizzen schmecken auch mit Schinkenwürfeln oder Salami sehr lecker. Und aus dem Quarkboden könnt ihr auch Flammkuchen backen: einfach mit Crème fraîche bestreichen und mit Schinkenwürfeln und Frühlingszwiebeln belegen.

GEFÜLLTE OOPSIE-ROLLE

Oopsies sind eine gesunde Alternative zu Fertigwraps aus dem Supermarkt. Der Teig lässt sich auch zu „Oopsie-Burgerbrötchen" backen: einfach runde „Kleckse" auf ein Backblech setzen. Oder eine „Oopsie-Pizza" backen.

FÜR 4 PERSONEN

- 6 Eiweiß
- ½ Bund Schnittlauch
- 3 Eigelb
- 2 EL Magerquark
- Salz
- Pfeffer aus der Mühle
- 1 Msp. Backpulver
- ½ Zwiebel
- ½ gelbe Paprikaschote
- 2 Tomaten
- ¼ Salatgurke
- 1 Romana-Salatherz
- 150 g Hähnchenwurst
- 3 EL Ketchup

Zubereitung: 30 Min.
Backen: 15 Min.

1. Den Backofen auf 170 °C (Umluft) vorheizen. Ein Backblech mit Backpapier belegen. Für den Teig die Eiweiße mit den Quirlen des Handrührgeräts steif schlagen. Den Schnittlauch waschen, trocken schütteln und in feine Röllchen schneiden. Eigelbe und Quark verquirlen. Schnittlauch, Salz, Pfeffer und Backpulver unterrühren.

2. Den Eischnee vorsichtig unterheben und die Masse auf dem Backblech zu einem Rechteck verstreichen. Im Ofen auf der mittleren Schiene etwa 15 Minuten goldbraun backen. Dabei die Ofentür nicht öffnen, sonst fällt der Teig zusammen. Herausnehmen, das Backpapier vorsichtig entfernen und den Teig abkühlen lassen.

3. Inzwischen für die Füllung die Zwiebel schälen und in dünne Ringe schneiden. Die Paprika entkernen, waschen und klein würfeln. Die Tomaten waschen und in kleine Würfel schneiden, dabei die Stielansätze entfernen. Die Gurke waschen, schälen und ebenfalls klein würfeln. Den Salat putzen, waschen und trocken schleudern. Die Wurst klein schneiden.

4. Den Oopsie-Teig mit Ketchup bestreichen, mit Gemüse, Salat und Wurst belegen und vorsichtig aufrollen.

 **IMMER WIEDER NEU GEFÜLLT**

Der Oopsie-Teig ist sehr vielseitig und lässt sich unterschiedlich füllen. Herzhaft im Mexican Style mit Hackfleisch, Mais und Bohnen oder vegetarisch mit viel frischem Salat und Käse — eurer Phantasie sind keine Grenzen gesetzt!

OFENBACKFISCH MIT SALAT

Backfisch kennt man aus Schnellrestaurants oder von nach Fett riechenden Kirmesständen. Doch Backfisch geht auch auf die gesunde Art, wenn man ihn schonend — und kalorienärmer — im Backofen zubereitet.

FÜR 2 PERSONEN
- Fett für das Blech
- 2 Seelachsfilets (à ca. 180 g)
- 3 EL Mehl
- 2 EL geriebener Parmesan
- 3 EL Vollkornsemmel-
  brösel
- 1 Ei
- Salz, Pfeffer aus der Mühle
- 1 grüner Kopfsalat
- 1 grünschaliger Apfel
- 1 Schalotte
- 4 Stiele Dill
- 2 EL Weißweinessig
- 3 EL Rapsöl

Zubereitung: 35 Min.

1. Den Backofen auf 250 °C vorheizen. Ein Backblech leicht einfetten. Die Fischfilets waschen und trocken tupfen. Das Mehl und den Parmesan mit den Bröseln jeweils in tiefe Teller geben. Das Ei in einem dritten tiefen Teller verquirlen.

2. Die Fischfilets mit Salz und Pfeffer würzen und zunächst im Mehl wenden. Dann durch das verquirlte Ei ziehen und zuletzt in der Bröselmischung wenden. Die Fischstücke auf das Backblech legen, im Ofen auf der mittleren Schiene 15 bis 20 Minuten knusprig backen.

3. Inzwischen den Salat putzen, waschen, trocken schleudern und in mundgerechte Stücke zupfen. Den Apfel waschen, vierteln, entkernen und in feine Spalten schneiden. Die Schalotte schälen und in feine Würfel schneiden. Den Dill waschen und trocken schütteln, die Spitzen abzupfen und grob hacken.

4. Dill, Apfelspalten und Schalottenwürfel in einer Schüssel mit Essig, Öl, Salz und Pfeffer verrühren. Die Vinaigrette mit dem Salat mischen. Den Fisch aus dem Ofen nehmen und am besten sofort mit dem Salat servieren.

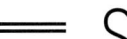

 KNUSPER KNÄUSCHEN

Semmelbrösel macht ihr aus altbackenen Vollkornbrötchen ganz einfach selbst, indem ihr sie auf der Küchenreibe reibt oder in der Küchenmaschine fein zerkleinert. Toll fluffig, aber weniger vollwertig wird die Panade mit Pankomehl. Panko stammt aus Asien und wird aus Weißbrot hergestellt. Da die Flocken etwas leichter als unsere Semmelbrösel sind, wird auch die Panade luftiger.

CHICKEN NUGGETS MIT TOMATENSALSA

Hähnchen-Nuggets kennt jeder. Meist bekommt man sie mit dicker Panade und in reichlich Öl frittiert. Meine Version ist anders: Mit Cornflakes-Panade und im Ofen gebacken, sind die Nuggets nicht nur kalorienärmer, sondern auch richtig knusprig.

FÜR 2 PERSONEN

- ½ Zwiebel
- 2 TL Olivenöl
- 15 g Tomatenmark
- 200 ml passierte Tomaten (aus der Dose)
- 2 EL Tomatenketchup
- 1 TL Chiliflocken
- Salz
- 1 Prise Zucker
- 400 g Hähnchenbrustfilets
- 150 g ungezuckerte Cornflakes
- 4 EL Mehl
- Pfeffer aus der Mühle
- Hähnchengewürzmischung
- 2 Eier

Zubereitung: 30 Min.
Garen: 30 Min.

1. Für die Salsa die Zwiebel schälen, in feine Würfel schneiden und in einer Pfanne im Öl anbraten. Das Tomatenmark dazugeben und kurz mitrösten. Passierte Tomaten, Ketchup und Chiliflocken hinzufügen und alles bei mittlerer Hitze etwa 10 Minuten köcheln lassen. Die Salsa mit Salz und Zucker würzen und abkühlen lassen.

2. Für die Nuggets den Backofen auf 200 °C vorheizen. Ein Backblech mit Backpapier belegen. Das Hähnchenfleisch waschen, trocken tupfen, von Fett und Sehnen befreien und in kleine Stücke schneiden. Die Cornflakes in einem Gefrierbeutel mit dem Nudelholz zu Bröseln zerdrücken und in einen tiefen Teller geben. Mehl, Salz, Pfeffer und Hähnchengewürz in einem zweiten tiefen Teller mischen. Die Eier in einem weiteren tiefen Teller verquirlen.

3. Die Hähnchenstücke zunächst im Mehl wenden, dann durch die verquirlten Eier ziehen und zuletzt in den Cornflakesbröseln wenden. Auf dem Backblech verteilen und im Ofen auf der mittleren Schiene zunächst etwa 15 Minuten garen. Die Nuggets wenden und weitere 15 Minuten goldbraun backen. Sofort mit der Salsa servieren.

  **EXOTISCHE SESAMPANADE**

Die Chicken Nuggets schmecken auch mit einer Sesam-Panade sehr lecker!
Einfach anstatt der Cornflakesbrösel helle Sesamsamen verwenden und
die Fleischstücke beim Panieren zum Schluss rundum darin wenden.

SO IN LOVE: ♡ KICHERERBSEN ♡

Sie zählen zu den Hülsenfrüchten und werden vor allem in der orientalischen Küche für viele Gerichte verwendet. Bei uns bekommt ihr Kichererbsen getrocknet oder vorgegart in der Dose. Der Vorteil der Konservenvariante ist, dass man die Kichererbsen spontan verwenden kann.

Getrocknete Kichererbsen müssen vor der Zubereitung mindestens 12 Stunden eingeweicht werden. Nach dem Einweichen oder auch nach dem Abgießen aus der Dose immer noch einmal gut mit kaltem Wasser abspülen.

Gewürze und Kräuter, die gut zu Kichererbsen passen, sind Kreuzkümmel, Knoblauch, Currypulver, Petersilie oder Minze.

HUMMUS

Der klassische Kichererbsendip aus der orientalischen Küche

Für 4 bis 6 Personen **1 Dose Kichererbsen (400 g)** in einem Sieb kalt abspülen, bis das Wasser klar abläuft. **2 Knoblauchzehen** schälen und halbieren. Kichererbsen, Knoblauch, den **Saft von ½ Zitrone, 30 ml Olivenöl, Salz** und **Pfeffer aus der Mühle** in einem Standmixer oder mit dem Stabmixer cremig pürieren. Das Hummus mit **1 TL Paprikapulver (edelsüß)** und **1 TL gemahlenem Kreuzkümmel** würzen. **½ Bund Petersilie** waschen, trocken schütteln, die Blätter abzupfen, fein hacken und auf dem Hummus verteilen.

Zubereitung: 15 Min.

BUNTE KICHERERBSENPFANNE

Dazu passt Bulgur oder Couscous sehr gut.

Für 3 bis 4 Personen **1 Dose Kichererbsen (400 g)** in einem Sieb kalt abspülen, bis das Wasser klar abläuft. **Je 1 gelbe und rote Paprikaschote, 1 Aubergine** und **1 Zucchini** waschen. Die Paprikaschoten längs halbieren, entkernen und mit dem übrigen Gemüse in Würfel schneiden. **1 Zwiebel** schälen und fein würfeln. **2 EL Olivenöl** erhitzen, das Gemüse und die Kichererbsen darin anbraten. Mit **6 EL Ajvar, 2 TL gemahlenem Kreuzkümmel, Salz** und **Pfeffer aus der Mühle** abschmecken. Alles 10 Minuten köcheln lassen. Inzwischen **1 Bund Petersilie** waschen und trocken schütteln, die Blätter abzupfen und fein hacken. Die Hälfte der Petersilie in den letzten 2 Minuten mitgaren, den Rest darüberstreuen.

Zubereitung: 20 Min.   Garen: 15 Min.

In Pitataschen mit Salat, Tomate, Gurke und Dip servieren!

FALAFELBÄLLCHEN MIT MINZE-JOGHURT-DIP

Für 8 bis 10 Bällchen **1 Dose Kichererbsen (400 g)** in einem Sieb kalt abspülen, bis das Wasser klar abläuft. Gut trocken tupfen und mit **1 Ei** und **2 EL Vollkornsemmelbröseln** im Standmixer oder mit dem Stabmixer pürieren. **1 große Zwiebel** und **2 Knoblauchzehen** schälen, fein würfeln und mitmixen. **Je ½ Bund Koriandergrün und Petersilie** waschen und trocken schütteln. Die Blätter abzupfen, fein hacken und unter das Kichererbsenmus heben. Mit **2 TL gemahlenem Kreuzkümmel, Salz** und **Pfeffer aus der Mühle** würzen. Aus der Masse mit angefeuchteten Händen 8 bis 10 Bällchen formen. **6–8 EL Olivenöl** in einer beschichteten Pfanne erhitzen und die Falafelbällchen darin bei mittlerer Hitze rundum anbraten. **1 Bund Minze** waschen und trocken schütteln, die Blätter abzupfen und ebenfalls fein hacken. **150 g Vollmilchjoghurt** in einer Schüssel mit der Minze sowie **2 TL Zitronensaft**, Salz und Pfeffer aus der Mühle verrühren. Die Falafelbällchen auf Küchenpapier abtropfen lassen und mit dem Minze-Joghurt-Dip servieren.

Zubereitung: 20 Min.   Garen: 10 Min.

HOMEMADE BURGER

Selbst gemachte Burger schmecken hundertmal besser als die vor Fett triefenden Burger der Fast-Food-Ketten. Ganz nach eurem Geschmack belegt, werden eure Burger einzigartig und richtig lecker! Das Beste: Kalorienärmer sind sie auch noch!

FÜR 6–8 BURGER

- 1 Zwiebel
- 500 g mageres Rinderhackfleisch
- Salz, Pfeffer aus der Mühle
- 375 g Dinkelmehl
- 1 Pck. Trockenhefe
- 125 g Magerquark
- 250 g Buttermilch
- Sesamsamen, Sonnenblumen- oder Kürbiskerne zum Bestreuen
- Öl zum Braten
- Guacamole zum Bestreichen (Rezept siehe S. 49)
- ein paar schöne Salatblätter
- Belag nach Wahl (z. B. Gurkenscheiben, Paprikastreifen, Zwiebelringe, Käse, Peperoni, Röstzwiebeln)

Zubereitung: 40 Min.
Kühlen: 1 Std.
Gehen: 40 Min.
Backen: 15 Min.

1. Für die Patties die Zwiebel schälen und in feine Würfel schneiden. Das Hackfleisch mit Zwiebel, Salz und Pfeffer mischen. Wer mag, mischt noch gehackte Kräuter unter. Die Masse in 6 bis 8 Portionen teilen und jeweils mit angefeuchteten Händen zu 1 bis 1 ½ cm dicken Patties formen. Die Patties zwischen Backpapierstücken aufeinanderstapeln und im Tiefkühlfach etwa 1 Stunde anfrieren — so zerfallen sie nicht beim Braten.

2. Für die Buns den Backofen auf 170 °C (Umluft) vorheizen. Ein Backblech mit Backpapier belegen. Mehl, Hefe, Quark, Buttermilch und 2 TL Salz zu einem glatten Teig verkneten. Den Teig zugedeckt an einem warmen Ort etwa 40 Minuten gehen lassen. Dann aus dem Teig 8 Brötchen formen, auf das Backblech setzen und mit Samen oder Kernen nach Wahl bestreuen. Im Ofen auf der mittleren Schiene etwa 15 Minuten backen. Herausnehmen und abkühlen lassen.

3. Zum Servieren etwas Öl in einer Pfanne erhitzen und die Patties darin von beiden Seiten je 5 Minuten braten.

4. Die Buns waagerecht halbieren und mit Guacamole bestreichen. Jeweils einige Salatblätter und 1 Patty daraufsetzen. Mit Gurke, Paprika, Zwiebelringen, Käse, Peperoni, Röstzwiebeln oder was immer euch schmeckt belegen und warm genießen!

CURRYWURST MIT OFENPOMMES

Ein Kultgericht der Fast-Food-Lover: Wurst vom Grill mit feurig-scharfer Sauce und Pommes. Auch hier kann man Kalorien sparen und den Klassiker ohne schlechtes Gewissen genießen. Geflügelwürstchen ersetzen die fettige Bratwurst und Pommes frites aus dem Backofen lassen die Schwestern aus der Fritteuse alt aussehen. Ganz einfach, aber unglaublich lecker!

FÜR 4 PERSONEN

- 3 große festkochende Kartoffeln
- 2 EL Olivenöl
- 3 EL Currypulver
- 3 TL Paprikapulver (edelsüß)
- Salz, Pfeffer aus der Mühle
- 4 Geflügelwiener
- Öl zum Braten
- 1 Dose passierte Tomaten (425 ml)
- 100 ml Gemüsebrühe
- 1 EL gemahlene Kurkuma

Zubereitung: 25 Min.
Backen: 35 Min.

*Das ist die „schlanke"
Wurstvariante!*

1. Den Backofen auf 200 °C (Umluft) vorheizen. Ein Backblech mit Backpapier belegen. Für die Pommes die Kartoffeln waschen, schälen und in 1 cm dicke Stifte schneiden. In einer Schüssel mit dem Öl, 1 EL Currypulver, 2 TL Paprikapulver, Salz und Pfeffer würzen und gleichmäßig auf dem Backblech verteilen. Im Ofen auf der mittleren Schiene etwa 35 Minuten braun und knusprig backen (siehe Tipp). Aus dem Ofen nehmen und sofort servieren.

2. Etwa 10 Minuten, bevor die Pommes fertig sind, die Geflügelwürstchen in Scheiben schneiden. Etwas Öl in einer Pfanne erhitzen und die Würstchen darin scharf anbraten. Mit den passierten Tomaten und der Brühe ablöschen und bei mittlerer Hitze etwa 5 Minuten köcheln lassen.

3. Die Tomatensauce mit dem übrigen Currypulver, Kurkuma, dem restlichen Paprikapulver, Salz und Pfeffer würzen. Die Würstchen mit der Sauce und den ofenfrischen Pommes auf Tellern anrichten. Nach Belieben mit Curry- und/oder Paprikapulver bestäuben.

 PERFEKTE POMMES

So werden die Pommes richtig schön knusprig: Die Kartoffelstifte mindestens zweimal im Backofen wenden und die Backofentür alle 5 Minuten öffnen, um den heißen Dampf abziehen zu lassen.

CLUBSANDWICH MIT HÄHNCHENBRUST

Dieses Sandwich ist ein typisch amerikanischer Snack — es wurde ursprünglich Mitgliedern privater Clubs als Imbiss angeboten. Dass es gesünder geht als mit Weizentoast und Mayonnaise, zeige ich euch in diesem Rezept.

FÜR 3 PERSONEN

- 2 EL Olivenöl
- 1 TL getr. Oregano
- 1 TL Knoblauchflocken
- 1 TL getrockneter Thymian
- Salz, Pfeffer aus der Mühle
- 250 g Hähnchenbrustfilet
- 9 Scheiben Vollkornbrot
- Öl für die Grillpfanne
- 2 kleine Zucchini
- 2 Handvoll Rucola
- 1 rote Zwiebel
- 3 EL Kräuterfrischkäse

Zubereitung: 35 Min.

Achtung: Die Scheiben sollten nicht zu dick sein!

1. Den Backofen auf 200 °C (Umluft) vorheizen. Das Öl mit Oregano, Knoblauchflocken, Thymian, Salz und Pfeffer mischen. Das Hähnchenfleisch waschen, trocken tupfen, von Fett und Sehnen befreien und rundum mit dem Kräuteröl bestreichen. Das Fleisch in eine kleine Auflaufform setzen und im Ofen auf der mittleren Schiene 20 bis 25 Minuten garen.

2. Inzwischen die Brotscheiben in einer heißen, leicht geölten Grillpfanne von beiden Seiten anrösten und herausnehmen. Die Zucchini putzen, waschen, längs in Streifen schneiden und ebenfalls in der Grillpfanne bei starker Hitze von jeder Seite anbraten.

3. Den Rucola verlesen, waschen und trocken schleudern, die groben Stiele entfernen. Die Zwiebel schälen und in dünne Ringe schneiden. Das Hähnchen aus dem Ofen nehmen, abkühlen lassen und in Scheiben aufschneiden.

4. Alle Brotscheiben dünn mit Frischkäse bestreichen, 3 Brotscheiben mit den Hähnchenbruststreifen und den Zwiebelringen belegen, 3 weitere Brotscheiben mit Rucola und gegrillten Zucchinistreifen. Diese Brotscheiben jeweils aufeinandersetzen und mit einer dritten Brotscheibe mit der Frischkäseseite nach unten abschließen. Die Sandwiches nach Belieben mit kleinen Holzspießen fixiert servieren.

FROZEN JOGHURT MIT HEISSEN HIMBEEREN

Gezuckertes Sahneeis war gestern! Gefrorener Joghurt mit heißen Himbeeren schmeckt mindestens genauso gut und ist dabei viel kalorienärmer und enthält deutlich weniger Zucker und Fett.

FÜR 4–6 PERSONEN

- 500 g Naturjoghurt
- 2 EL Zucker
- 1 Blatt weiße Gelatine
- Saft von 1 Zitrone
- 1 TL gemahlene Bourbon-Vanille
- 300 g Himbeeren (ersatzweise tiefgekühlte Beeren)
- 1 TL Speisestärke
- 1 EL Puderzucker

Zubereitung: 20 Min.
Gefrieren: 1 Std.

Hier könnt ihr wählen:
3,5 % oder 1,5 % Fettgehalt.

1. Den Joghurt mit dem Zucker in einer Schüssel so lange verrühren, bis sich der Zucker vollständig aufgelöst hat. Die Gelatine in etwas kaltem Wasser einweichen. Die Hälfte des Zitronensafts in einem kleinen Topf erwärmen, die eingeweichte Gelatine ausdrücken und unter Rühren im Zitronensaft auflösen. 3 bis 4 EL Joghurt unter die Gelatine rühren. Die Joghurt-Gelatine-Mischung langsam zurück unter den restlichen Joghurt rühren. Mit Vanille abschmecken. Den Joghurt in die Eismaschine füllen, etwa 1 Stunde cremig gefrieren lassen und bis zum Servieren tiefkühlen.

2. Rechtzeitig vor dem Servieren die Himbeeren verlesen, waschen und vorsichtig trocken tupfen. Die Beeren mit 50 ml Wasser in einem Topf bei mittlerer Hitze etwa 2 Minuten köcheln lassen. Mit dem Stabmixer fein pürieren und das Püree durch ein feines Sieb streichen, um die Kerne zu entfernen.

3. Das Himbeerpüree in einem Topf mit Speisestärke, Puderzucker und 1 TL Zitronensaft mischen und etwa 1 Minute aufkochen. Die heißen Himbeeren zum Servieren über den Frozen Joghurt verteilen.

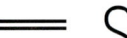

☞ ES GEHT AUCH OHNE! ☜

Ihr habt keine Eismaschine? Kein Problem! Die Joghurtmischung einfach in eine Plastikschale geben und zugedeckt einfrieren. Die Masse dann im Abstand von 30 Minuten immer wieder kurz antauen lassen und mit einer Gabel kräftig durchrühren. Nach 3 bis 4 Stunden ist der Frozen Joghurt fertig!

GESUNDE BROWNIES

Brownies zum Kaffee möchte wahrscheinlich niemand missen. Zum Glück kann man Brownies auch gesünder backen — trotzdem bleiben sie saftig und schmecken unglaublich schokoladig!

FÜR 1 RECHTECKIGE
BACKFORM (15 × 20 CM)

- 2 Eier
- Salz
- 1 Vanilleschote
- 180 g ungesüßtes Apfelmus
- 100 g Mehl
- ½ TL Backpulver
- 60 g Zucker
- 2 geh. EL Kakaopulver

Zubereitung: 15 Min.
Backen: 20—25 Min.

Wer kann, nimmt am besten gleich selbst gemachtes.

1. Den Backofen auf 170 °C (Umluft) vorheizen. Den Boden der Form mit Backpapier auslegen.

2. Die Eier vorsichtig trennen, die Eiweiße mit 1 Prise Salz in einem hohen Rührbecher mit den Quirlen des Handrührgeräts steif schlagen. Die Vanilleschote längs aufschneiden, das Mark mit einem spitzen Messer herauskratzen und mit dem Apfelmus und den Eigelben in einer Schüssel gut mischen.

3. Das Mehl mit Backpulver, Zucker und Kakaopulver in einer Schüssel mischen, unter die Eigelb-Apfelmus-Mischung rühren und zuletzt den Eischnee vorsichtig unterheben. Die Masse in die Backform füllen und glatt streichen, im Ofen auf der mittleren Schiene 20 bis 25 Minuten backen (Stäbchenprobe machen, siehe Tipp).

4. Die fertig gebackene Teigplatte aus dem Ofen nehmen und 5 Minuten abkühlen lassen. Dann vom Blech lösen und vollständig abkühlen lassen. Zum Servieren in 9 bis 12 gleich große quadratische Stücke schneiden und zum Kaffee oder Tee servieren.

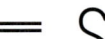

☞ DIE BERÜHMTE STÄBCHENPROBE ☜

Um zu testen, ob der Teig fertig gebacken ist, einfach mit einem Holzspieß in die Mitte der Teigplatte stechen. Bleiben keine Teigreste am Spieß kleben, ist der Teig gar — ansonsten noch einige Minuten weiterbacken.

MENÜS FÜR MÄDELS

Abende mit meinen Mädels müssen einfach regelmäßig sein! Und zu solchen Anlässen gehört immer auch
ein schönes Menü. Schon während wir das Essen gemeinsam
vorbereiten, wird bei einem guten Glas Wein geplaudert,
geratscht und gelacht, was das Zeug hält. Oft loben wir
vor dem Treffen ein (Länder-)Motto für unser Essen aus.
Dann kochen wir authentische Gerichte des Landes
oder der Region: Das weckt gemeinsame Erinnerungen oder
zaubert Urlaubsfeeling auf den Teller.

Entspannt kochen und gechillt genießen —
das sind die schönsten Mädelsabende!

SICH ABENDS BEIM ESSEN NACH THAILAND TRÄUMEN

Neben Kochen und Bloggen ist Reisen meine größte Leidenschaft: Neue Länder und Kulturen kennenlernen, atemberaubende Strände, Küsten und Landschaften sehen, auf Kreuzfahrtschiffen die Meere bereisen, Leute aus verschiedenen Kulturkreisen treffen, neue Freundschaften schließen, Sonne tanken und einfach frei sein, das ist für mich das höchste Glück!

Eines meiner absoluten Wunschreiseziele ist immer schon Thailand gewesen. Gemeinsam mit einer sehr guten Freundin ließ ich den Traum schließlich Wirklichkeit werden und brach mit ihr zu einer knapp dreiwöchigen Thailandrundreise auf. Wir machten Stopps auf verschiedenen Inseln, erlebten unglaublich viele Dinge und genossen die Zeit in vollen Zügen.

Daraus entstand die Idee für einen thailändischen Mädelsabend, bei dem wir unsere Lieblingsgerichte für unsere Freundinnen kochten. Nebenbei schauten wir uns Urlaubsfotos an und genossen mit den entsprechenden Drinks und kulinarischen Highlights noch einmal die schönsten Momente der Reise. So einfach kann man gemeinsam einen kleinen Urlaub zwischendurch erleben!

Stillt beim Kochen euren Reisehunger und holt euch thailändisches Urlaubsfeeling auf den Teller!

Essen mit Chill-Faktor: Die Deko muss nicht aufwendig sein – aber ein stimmungsvoller Rahmen ist mir schon wichtig.

Mit einer scharfen, cremigen Suppe fängt der Abend gut an. Das Beste: Die Suppe kann man ganz entspannt vorbereiten.

LEMONGRASS MOJITO

FÜR 6 GLÄSER

- 3 Limetten
- 5 TL Rohrzucker
- 1 Handvoll Minzeblätter
- 2 Stangen Zitronengras
- weißer Rum
- Crushed Ice
- Mineralwasser
  (mit Kohlensäure)

Zubereitung: 10 Min.

1. Die Limetten jeweils in 6 Teile schneiden und zusammen mit dem Rohrzucker, der Minze und dem inneren, weißen Teil der Zitronengrasstangen mit einem Stößel fein zerstampfen.

2. Die Masse auf 6 Gläser aufteilen, pro Glas ca. 6 cl Rum hinzufügen und das Glas mit Crushed Ice und Mineralwasser auffüllen.

KOKOSSUPPE MIT HÄHNCHEN

FÜR 6 MÄDELS

- 3 Hähnchenbrustfilets
- je 4 EL Soja- und Chilisauce
- 2 EL Honig
- 1 kleines Stück Ingwer
- 1 Knoblauchzehe
- 1 rote Chilischote
- 1 EL Butter
- 1 reife Mango
- 400 ml Kokosmilch
- 400 ml Gemüsebrühe
- 2 EL Sesamöl
- 3 TL Currypulver
- Salz, Pfeffer aus der Mühle
- Saft von ½ Zitrone

Zubereitung: 25 Min.
Marinieren: 1 Std.

1. Das Hähnchenfleisch waschen, trocken tupfen, von Fett und Sehnen befreien und in mundgerechte Würfel schneiden. Die Soja- mit der Chilisauce und dem Honig verrühren, die Hähnchenwürfel darin mindestens 1 Stunde marinieren.

2. Ingwer und Knoblauch schälen. Die Chilischote längs halbieren, entkernen und waschen. Alles sehr fein hacken und in einem Topf in der Butter andünsten. Die Mango schälen, das Fruchtfleisch erst vom Stein und dann in Würfel schneiden. In den Topf geben, Kokosmilch und Brühe dazugeben. Die Suppe 15 Minuten köcheln lassen.

3. Das Öl in einer beschichteten Pfanne erhitzen, die Hähnchenwürfel auf 6 Holzspieße stecken und darin rundum goldbraun anbraten. Die Suppe mit dem Stabmixer fein pürieren und mit Curry, Salz, Pfeffer und Zitronensaft abschmecken. Die Kokossuppe auf Schälchen verteilen und mit jeweils 1 Hähnchenspieß servieren.

PAD THAI MIT GEMÜSE UND GARNELEN AUS DEM WOK

FÜR 6 MÄDELS

- 400 g Reisnudeln
- 6 EL Erdnusskerne
- 300 g fester Tofu
- 250 g küchenfertige Garnelen
- 1 Bund Frühlingszwiebeln
- 150 g Sojasprossen
- 3 Knoblauchzehen
- 4 EL Erdnussöl
- 3 EL Tamarindensauce
- 10 EL Fischsauce
- 5 EL Reisessig
- 4 EL Zucker
- 3 TL Chilipulver
- Saft von 1 Limette
- 6 Eier

Zubereitung: 25 Min.

1. Die Reisnudeln in einer Schüssel mit lauwarmem Wasser übergießen und 15 Minuten einweichen.

2. Inzwischen die Erdnüsse in einer beschichteten Pfanne ohne Fett goldbraun anrösten. In einer Schüssel abkühlen lassen, dann grob hacken und beiseitestellen.

3. Den Tofu mit Küchenpapier trocken tupfen und in kleine Würfel schneiden. Die Garnelen waschen und trocken tupfen. Die Frühlingszwiebeln und die Sojasprossen gründlich waschen und abtropfen lassen, die Frühlingszwiebeln in feine Ringe schneiden. Den Knoblauch schälen und fein hacken.

4. Das Öl in einem Wok erhitzen, die Garnelen darin kurz anbraten. Den Knoblauch unterrühren und alles weiterbraten, bis die Garnelen gar sind. Die Garnelen aus dem Wok nehmen und beiseitestellen. Die Tofuwürfel in den heißen Wok geben und rundum anbraten.

5. Tamarinden- und Fischsauce, Reisessig, Zucker, Chilipulver und Limettensaft in einer kleinen Schüssel gut verrühren. Die eingeweichten Reisnudeln in ein Sieb abgießen, abtropfen lassen und mit der Sauce in den Wok geben. Alles bei mittlerer Hitze köcheln lassen, bis die Reisnudeln die Sauce aufgesogen haben.

6. Den Inhalt im Wok zur Seite schieben, die Eier in den Wok aufschlagen, unter Rühren anbraten und mit dem restlichen Wokinhalt vermischen. Vor dem Servieren die Garnelen, die Sojasprossen und die Frühlingszwiebelringe unterheben.

ZITRUS-INGWER-LIMONADE

Der perfekte Null-Promille-Drink als Begleitung zum Essen

FÜR 6 GLÄSER

- 1 kleines Stück Ingwer
- 1 Bio-Zitrone
- 1 Bio-Orange
- 80 g Zucker
- 1 l Wasser
- Eiswürfel zum Auffüllen

Zubereitung: 10 Min.
Abkühlen: 2—3 Std.

1. Den Ingwer schälen und fein schneiden. Zitrone und Orange heiß waschen, trocken reiben und in Scheiben schneiden.

2. Die vorbereiteten Zutaten mit dem Zucker in einen hitzebeständigen Krug geben. Das Wasser zum Kochen bringen, über die Zutaten gießen und gut miteinander mischen.

3. Die Mischung 2 bis 3 Stunden abkühlen lassen und mit Eiswürfeln schön kühl servieren.

EXOTISCHER OBSTSALAT

FÜR 6 MÄDELS

- 1 Mango
- 1 Papaya
- 1 Ananas
- 4—6 Litschis
- 1 Galiamelone
- 2 Drachenfrüchte
- 3 Kiwis
- 2 EL brauner Rum
- 6 TL Kokosflocken

Zubereitung: 20 Min.

1. Das gesamte Obst schälen, in mundgerechte Stücke schneiden und in einer großen Schüssel mischen.

2. Das Obst mit dem Rum beträufeln und alles noch einmal gut miteinander vermischen.

3. Den Obstsalat auf Schüsseln verteilen und mit je 1 TL Kokosflocken bestreut servieren.

DEN OBSTSALAT KANN MAN AUCH IN DEN ANANAS- ODER MELONENHÄLFTEN SERVIEREN.

ITALIENISCHE ALPENKÜCHE – DREI-GÄNGE-MENÜ MIT AMORE

Mit Italien verbindet mich viel mehr als die Liebe zur himmlischen Cucina Italiana mit Antipasti, Pizza und Pasta. Seit Langem schon reise ich jedes Jahr mit meiner Familie nach Südtirol, wo wir stundenlang bergauf wandern, um anschließend die grandiose Aussicht über die Berggipfel, die Ruhe dort oben und die atemberaubende Natur zu genießen. Und natürlich stärken wir uns dann ganz nach Südtiroler Art auf einer der urigen Hütten!

Die italienische Sprache habe ich tatsächlich in der Schule gelernt. Meine Sehnsucht nach Italien — und ganz speziell nach Südtirol — brachte mich schließlich auf die Idee, nach dem Abitur für einige Zeit als Kindermädchen in das Land meiner Sehnsüchte zu ziehen. Im Grödnertal im Herzen der Dolomiten fand ich einen entsprechenden Job und konnte Zeit, Leute, Landschaft und Essen der Region ausgiebig genießen.

Jeder, der schon einmal im Ausland war, weiß, dass das Essen vor Ort natürlich doppelt so gut schmeckt wie später zu Hause, wenn man die jeweiligen Gerichte ohne Rezept nachzukochen versucht. Zum Glück konnte ich viele einheimische Rezepte in meinem kleinen Südtiroler Kochbuch sammeln. Daraus habe ich einige leckere Highlights für ein typisch südtirolerisches, einfach nachzukochendes Menü für mich und meine Mädels — und natürlich auch für euch! — ausgesucht. Lasst es euch schmecken!

HUGO

Passt auch perfekt zur Vorspeise!

FÜR 6 GLÄSER

- 3 Limetten
- 1 Handvoll Minzeblätter
- 120—180 ml Holunder-blütensirup
- 1 Flasche Prosecco (700 ml)
- Crushed Ice

Zubereitung: 10 Min.

Als „Starter" für unser Südtiroler Menü gibt es einen fruchtig-sü-ßen Hugo. Dafür einfach die Limetten heiß waschen, trocken reiben und in Scheiben schneiden. Die Minzeblätter waschen und trocken tupfen. Die Limettenscheiben mit jeweils 20 bis 30 ml Holunder-blütensirup auf 6 Gläser verteilen. Mit Prosecco auffüllen, mit den Minzeblättern und Crushed Ice servieren.

BÜFFELMOZZARELLA MIT TOMATEN UND BASILIKUM

FÜR 6 MÄDELS

- 6 große Tomaten
- 400 g Büffelmozzarella
- 3 EL Aceto balsamico
- 4 EL Olivenöl
- Salz
- Pfeffer aus der Mühle
- ½ Bund Basilikum

Zubereitung: 10 Min.

Toll auch mit dem besonders cremigen Burrata!

1. Die Tomaten waschen und in gleichmäßige Scheiben schneiden, dabei die Stielansätze entfernen. Den Büffelmozzarella abtropfen lassen und ebenfalls in Scheiben schneiden.

2. Die Tomaten- und Mozzarellascheiben dachziegelartig auf einer großen Platte anrichten, mit Essig und Öl beträufeln und mit Salz und Pfeffer würzen.

3. Das Basilikum waschen und trocken schütteln, die Blätter abzupfen, in Streifen schneiden und über den Tomaten- und Mozzarellascheiben verteilen.

Alkoholfrei? Einfach mit Mineralwasser auffüllen statt mit Prosecco.

DAZU PASST FRISCHES CIABATTA SEHR GUT!

KNÖDELTRIS IN SALBEIBUTTER

FÜR 6 MÄDELS

- 9 helle Brötchen (vom Vortag)
- 5 Eier
- 375 ml Milch
- Salz
- 1 TL frisch geriebene Muskatnuss
- 100 g Blattspinat
- 200 g Bergkäse
- 1 Bund Petersilie
- 1 Zwiebel
- 1 Knoblauchzehe
- 100 g Butter
- 90 g Mehl
- 50 g geriebener Parmesan
- 100 g (Tiroler) Speckwürfel
- 15 Salbeiblätter

Zubereitung: 1 Std.
Garen: 15 Min.

1. Die Brötchen in kleine Würfel schneiden. Die Eier und die Milch in einer Schüssel verquirlen. Mit 1 TL Salz und Muskatnuss würzen. Die Brötchenwürfel dazugeben, alles gut durchrühren und die Masse 30 Minuten durchziehen lassen.

2. Inzwischen den Spinat waschen, in kochendem Wasser 1 Minute blanchieren, in einem Sieb eiskalt abschrecken, gut ausdrücken und fein hacken. Den Bergkäse fein würfeln. Die Petersilie waschen und trocken schütteln, die Blätter abzupfen und fein hacken. Die Zwiebel schälen und fein würfeln. Den Knoblauch schälen. 20 g Butter in einem Topf zerlassen und die Zwiebel darin andünsten.

3. Die Knödelmasse in 3 Portionen teilen. Das erste Drittel mit Spinat, 30 g Mehl, Parmesan und dazugepresstem Knoblauch vermischen. Das zweite Drittel mit Bergkäse, 30 g Mehl und der Hälfte der Petersilie mischen. Unter die restliche Knödelmasse das übrige Mehl, die Speckwürfel, die angedünsteten Zwiebelwürfel und die übrige Petersilie kneten.

4. Aus den verschiedenen Massen mit leicht angefeuchteten Händen jeweils 6 Knödel formen. In einem großen Topf reichlich Salzwasser aufkochen, die Knödel portionsweise hineingeben und bei schwacher Hitze 15 Minuten ziehen lassen. Inzwischen die gewaschenen und trocken getupften Salbeiblätter in der restlichen zerlassenen Butter knusprig braten.

5. Die Knödel auf Teller verteilen und mit Salbeibutter servieren. Dazu passt ein trockener Weißwein sehr gut.

HIMBEERGRATIN MIT QUARKCREME

FÜR 6 MÄDELS

- 500 g Himbeeren
- 2 EL Puderzucker
- 2 EL Zitronensaft
- 4 EL Orangenlikör
- 3 Eigelb
- 70 g Zucker
- 2 TL Speisestärke
- 100 g Sahne
- 500 g Magerquark
- 150 ml Mineralwasser (mit Kohlensäure)
- 1 EL Vanillezucker
- 1 TL gemahlene Bourbon-Vanille

Zubereitung: 20 Min.
Ziehen: 25 Min.
Backen: 10 Min.

Das sind gemahlene Vanille-schoten, nicht zu verwechseln mit Bourbon-Vanillezucker!

1. Die Himbeeren verlesen, waschen und vorsichtig trocken tupfen. 100 g der Beeren mit dem Puderzucker, dem Zitronensaft und dem Orangenlikör pürieren. Die pürierten Himbeeren mit den restlichen Himbeeren mischen und 25 Minuten durchziehen lassen.

2. Den Backofen auf 200 °C (Umluft) vorheizen. Die Eigelbe, den Zucker und die Speisestärke mit den Quirlen des Handrührgeräts cremig aufschlagen. Die Quirle säubern und die Sahne in einer zweiten Schüssel steif schlagen, dann unter die Eigelbmasse heben.

3. Die Himbeermischung in einer Auflaufform verteilen, mit der Ei-Sahne-Mischung bedecken und im Ofen auf der mittleren Schiene etwa 10 Minuten goldbraun backen.

4. In der Zwischenzeit die Quarkcreme vorbereiten. Dafür den Quark in einer Schüssel mit dem Mineralwasser cremig verrühren. Die Creme mit Vanillezucker und Bourbon-Vanille abschmecken.

5. Je eine Portion des warmen Himbeergratins mit 1 großen EL luftiger Quarkcreme auf Tellern verteilen und warm genießen.

 **ECHT BEERIG!**

Ich mag dieses Rezept am liebsten mit Himbeeren. Ihr könnt das Gratin aber natürlich auch mit anderen Beeren wie Brombeeren, Heidelbeeren oder Johannisbeeren zubereiten. Toll schmeckt es auch mit Nektarinen!

REGISTER

DANKSAGUNG

Ich gehöre zu den Menschen, die immer zuerst die Danksagung in einem neuen Buch lesen. Glücklicherweise hat so gut wie jedes Buch eine Danksagung. Aber warum eigentlich? Weil ein Dankeschön unglaublich wichtig ist und auf keinen Fall an dieser Stelle fehlen darf — das kann ich nun aus eigener Erfahrung sagen!

Auch ich möchte mich bei ganz vielen Menschen, die bei der Entstehung, Umsetzung und Produktion des Buches mitgeholfen haben, von ganzem Herzen danken.

Angefangen beim mitwirkenden Team des ZS Verlags: Ihr habt mir mit viel Vertrauen in meine Arbeit die Möglichkeit gegeben, mein eigenes Buch zu schreiben, und mir in der Umsetzung und der Gestaltung viel freien Raum und wahnsinnig tolle Unterstützung gegeben.
Ein ganz besonderer Dank geht an Kathrin Ullerich, meine Ansprechpartnerin während der gesamten Entstehungsphase, die immer ein offenes Ohr für mich hatte und mir mit vielen Ratschlägen zur Seite stand: All meine Wünsche und Ideen hast du mit denen des Verlags vereint, sodass wir nun dieses Buch in den Händen halten können. Was für ein grandioses Gefühl!

Auch der Fotografin Claudia Timmann möchte ich recht herzlich danken: Du hast es geschafft, meine Rezepte und Ideen ins richtige Licht zu rücken und visuell ganz nach meinem Geschmack umzusetzen. Danke auch an Tatjana Kraus für die Maske und die vielen lustigen Momente. Zusammen hatten wir immer superviel Spaß — ich sage nur „Das Bild muss leben!" ;-)

Ein weiteres großes Dankeschön geht an meine Lektorin Ulrike Kraus, die sich mit viel Hingabe um mein Buch gekümmert hat: So hast du es geschafft, mein Buch zu etwas ganz Besonderem zu machen. Danke!

Auch möchte ich Franziska Fischer aus der ZS-Presseabteilung danken. Gemeinsam waren wir auf schon auf kurzer Reise und haben tolle Projekte ins Leben gerufen: Danke für deine Unterstützung und die Betreuung meines Buches!

Ohne meine Managerin Antje Riis wäre ich heute gar keine Buchautorin: Erst durch dich und dein Vertrauen in mich und meine Arbeit haben wir es gemeinsam geschafft, ein Buchprojekt zu starten. Dafür kann ich dir nur von ganzem Herzen danken! Schön, dass wir so gut zusammenarbeiten und so ein tolles Team geworden sind. Danke auch für deine grandiose Arbeit, dein Engagement und die vielen tollen Ratschläge, die mir immer geholfen haben. Auch zukünftig werden wir viele spannende Aufgaben mit Bravour erledigen und gemeinsam noch sehr viel erreichen. Da bin ich mir sicher!

Ein riesengroßes Dankeschön geht natürlich an meine Eltern Betti und Stefan. Ihr habt mir während der gesamten Entstehungszeit immer den Rücken freigehalten, mir bei schwierigen Entscheidungen und Fragen geholfen, meine kurzen Stressattacken mit einem Lächeln und lieb gemeinten Ratschlägen abgefangen — und natürlich auch von meinen leckeren Gerichten profitiert. Die Rezepte mussten ja auch alle ausprobiert werden :-) Danke, dass ihr immer an meiner Seite steht, mich zu 100 Prozent in allem, was ich mache, unterstützt und genauso stolz auf mein erstes Buch seid, wie ich es bin. An dieser Stelle dürft ihr gern ein kleines Tränchen verdrücken — natürlich aus Freude ;-)

Vielen lieben Dank auch an meine gesamte Familie. Ich bin froh, so eine starke und herzliche Familie zu haben! Am liebsten würde ich jeden einzeln aufzählen, dafür würde der Platz aber gar nicht reichen, deshalb schreibe ich am besten einen gesonderten Text in unsere Familien-WhatsApp-Gruppe ;-) Besonders möchte ich mich jedoch bei meinem Opa Bert und meiner Oma Karin bedanken, die immer sehr viel für mich und vor allem auch für mein Buch getan haben! Danke, dass ihr mich immer unterstützt, mir viele Ideen gegeben habt und immer für mich da seid. Opa, auch du hättest es verdient, ein eigenes Buch zu veröffentlichen :-) Vielleicht klappt es ja noch. Ich drücke die Daumen!

Selbstverständlich möchte ich mich auch bei all meinen Freunden bedanken, die mich während der Entstehungszeit des Buches mit Ideen und Tipps unterstützt haben. Ein ganz besonderer Dank geht an meine beiden besten Freundinnen Vicky und Madlin, die mich schon seit dem Kindergarten kennen und immer noch lieb haben ;-) Danke, dass ich euch immer erreichen kann und ihr immer ein offenes Ohr für mich habt. Danke auch für die vielen tollen Tipps und Ideen zum Inhalt des Buches. Am Ende, als ich einen kleinen Blackout hatte, habt ihr mich richtig gerettet. Auf die vielen weiteren, gemeinsamen Jahre und die schöne Freundschaft, die niemals enden soll.

Übrigens Madlin: Du kannst meinen Blog aktiv lassen und ihn nicht stilllegen ;-) In der Danksagung durftest du nämlich auf keinen Fall fehlen, immerhin bist du neben einer wahnsinnig guten Freundin auch noch hinter den Kulissen meines Blogs tätig und hilfst mir sogar aus dem Urlaub, wenn die Technik mal wieder nicht so will, wie ich es möchte. Auf dich ist einfach immer Verlass. Danke!

Auch bei dir, liebe Jacky, möchte ich mich von ganzem Herzen bedanken. Als wir uns am Abend des Fotoshootings für mein Buch in Hamburg getroffen haben, habe ich dir kurz von den Inhalten des Buches und der Danksagung erzählt und natürlich nicht erwähnt, dass auch du eine wichtige Rolle spielen wirst. Ein bisschen Spannung musste ja noch bleiben ;-) Wir kennen uns nun schon ein paar Jahre durch Instagram und haben eine sehr schöne Freundschaft aufgebaut. So oft es geht, versuchen wir uns zu sehen, auch wenn es nur für ein paar Stunden ist. Wir haben fast täglich Kontakt, und nur du kannst sagen, dass du beim wichtigen Fotoshooting für dieses Buch dabei warst! Danke, dass es dich gibt und wir immer zusammenhalten, egal was kommt!

Zum Schluss möchte ich noch das größte Dankeschön an all die treuen Leser meines Blogs www.franzellii.com und nun auch meines Buches aussprechen. Ihr habt mein Buch gekauft, gelesen, hoffentlich auch schon viele Gerichte nachgekocht und mit Genuss verspeist. Danke an meine Community in den sozialen Netzwerken, die immer begeistert mein Leben verfolgt, meine Rezepte ausprobiert und mir ständig unglaublich viel positives Feedback hinterlässt. Der Austausch mit euch und vor allem auch eure tägliche Unterstützung haben mir gezeigt, dass sich mein Weg gelohnt hat und ich auch zukünftig mit viel Freude, Herzblut und Engagement weitermachen werde. Vielleicht sogar in einem weiteren Buch, wer weiß das schon …

Erzählt gern euren Freunden und Bekannten von meinem Buch, bringt ihnen zum nächsten Treffen etwas Nachgekochtes mit und bestellt viele liebe Grüße von mir — das würde mich sehr freuen! Wenn ihr möchtet, könnt ihr mir auch eine persönliche Nachricht und Feedback zum Buch hinterlassen. Am besten per E-Mail oder direkt auf dem Blog.

DANKE von ganzem Herzen!

Alles Liebe und viele Grüße,
Eure Franziska

© 2017 ZS Verlag GmbH
Kaiserstraße 14 b
D-80801 München

ISBN: 978-3-89883-643-2
1. Auflage 2017
Projektleitung: Kathrin Ullerich
Rezepte & Texte: Franziska Ludwig
Lektorat: Ulrike Kraus
Grafische Gestaltung:
karl & kral design, München,
Kerstin Duben, Julia Arzberger
Fotografie: Claudia Timmann
Foodstyling: Claudia Seifert, Pedro Torres, Julia Luck
Maske: Tatjana Kraus
Herstellung: Frank Jansen
Producing: Jan Russok
Druck & Bindung: optimal media GmbH, Röbel

Die ZS Verlag GmbH ist ein Unternehmen der Edel AG, Hamburg.
www.zsverlag.de | www.facebook.com/zsverlag

Auf den Geschmack gekommen?

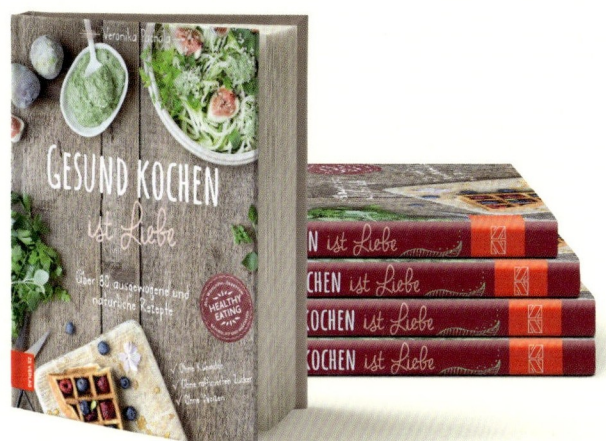

Die besten Rezepte von Foodbloggerin Veronika Pachala: ohne Kuhmilch, Weizen und raffinierten Zucker.

Veronika Pachala
Gesund kochen ist Liebe
€ [D] 18,99
ISBN 978-3-89883-489-6

Die schönsten Backideen für alle, die sich gesund ernähren, ein paar Kilo abnehmen oder als Diabetiker Süßes genießen möchten.

Petra Hola-Schneider
Low Carb Backen
€ [D] 15,99
ISBN 978-3-89883-604-3